PRINCIPES GÉNÉRAUX

DES

BELLES-LETTRES.

DEUXIÈME PARTIE.

POÉTIQUE FRANÇAISE.

PREMIÈRE SECTION. — PROSODIE.

OUVRAGES DU MÉME AUTEUR

QUI SE TROUVENT A LA MÉME LIBRAIRIE.

———

Les Veillées russes, choix de morceaux traduits ou imités des écrivains les plus distingués de la Russie ; deuxième édition, un vol. in-12.

Le Moucheron et *les Bucoliques* de Virgile, traduction nouvelle ; un vol in-8°.

OEuvres complètes de Claudien, traduction nouvelle ; deux vol. in-8°.

Le Satyricon de Pétrone, traduction nouvelle ; deux vol. in-8°.

L'Art d'aimer, le Remède d'amour et les Cosmétiques d'Ovide, traduction nouvelle ; un vol. in-8°.

Rhétorique française, un vol. in-12. (Sous presse.)

Poétique française, un vol. in-12. (Sous presse.)

Exercices gradués de Versification française, ou *Choix de vers français, avec leurs matières* ; un vol. in-12. (Sous presse.)

PARIS. — IMPRIMERIE DE CASIMIR,
RUE DE LA VIEILLE-MONNAIE , N° 12.

PROSODIE FRANÇAISE,

OU

RÈGLES

DE LA VERSIFICATION FRANÇAISE,

Extraites de La Harpe, Marmontel,
D'Olivet, Racine le fils, Philippon de la Madeleine,
Boiste, Richelet, etc. ;

PAR C. H. HÉGUIN DE GUERLE,

PROFESSEUR AU COLLÉGE LOUIS-LE-GRAND.

PARIS.

A LA LIBRAIRIE CLASSIQUE
DE Mme Ve MAIRE-NYON,

QUAI CONTI, N° 13.

1836.

AVERTISSEMENT *.

LA PROSODIE est le solfége de la poésie.
Comme on ne peut être, je ne dis pas un
bon musicien, mais un chanteur agréable,
sans savoir solfier ; ainsi l'on ne peut ni composer des vers, ni même les bien lire, sans la
connaissance de la Prosodie.

Faute d'avoir appris les règles de la versification française, on voit tous les jours des
hommes, d'ailleurs fort instruits, estropier
honteusement les plus beaux vers de notre
langue.

La Prosodie française devrait donc faire
partie de l'éducation de la jeunesse. C'est pour
remplir cette lacune que j'ai recueilli ces pré-

* Cet ouvrage ne ressemble que par le titre à la
Prosodie française de l'abbé d'Olivet. Ce savant
académicien a principalement envisagé son sujet dans
ses rapports avec l'art oratoire : il ne parle de la versification française que transitoirement, et sans en
expliquer les règles.

ceptes, extraits des ouvrages de *La Harpe*, de *Marmontel*, de *D'Olivet*, de *Racine le fils*, etc.

Mais, dira-t-on, ces notions se trouvent partout. Il est vrai que Richelet et Philippon de la Madeleine dans leurs *Dictionnaires des Rimes*, Boiste, dans son *Dictionnaire Universel*, et M. Carpentier, dans son *Gradus français*, ont donné des traités de versification; mais sans vouloir apprécier ici le plus ou le moins de mérite de chacun de ces ouvrages, je ferai remarquer qu'il est beaucoup moins coûteux de se procurer un volume de quatre à cinq feuilles d'impression que des dictionnaires de neuf à douze cents pages.

Indépendamment de la modicité de son prix et de son format plus portatif, cette nouvelle Prosodie offre encore plusieurs autres avantages :

1° Dans tous les traités de versification on parle des mots où l'*H* est aspirée; mais aucun n'en offre la liste, à l'exception de Richelet (encore celle qu'il donne est-elle fort incomplète). Tous les autres vous renvoient pour ces mots au dictionnaire. J'ai eu soin d'épargner cette peine à mes lecteurs.

2° Le concours des voyelles dans l'intérieur des mots forme tantôt deux syllabes, tantôt un monosyllabe. Ainsi La Fontaine a fait *sanglier* de deux syllabes, *san-glier;* Delille l'a fait de trois, *san-gli-er;* lequel de ces deux poètes doit-on imiter? C'est une très-grande difficulté pour ceux qui commencent à faire des vers français. En lisant le chapitre II de notre Prosodie, où presque tous les mots de ce genre sont passés en revue, le versificateur novice cessera d'être embarrassé.

3° La plupart des Prosodistes indiquent longuement et minutieusement toutes les combinaisons de mètres et de rimes dont, selon eux, les *stances* sont susceptibles, comme si le poète lyrique devait de toute nécessité se renfermer dans les cadres qu'ils ont tracés; comme s'il devait, avant de se livrer à son inspiration, calculer la dimension des vers qu'il va composer! J'ai pensé qu'il fallait, à cet égard, laisser toute latitude au poète; et je n'ai indiqué que les règles générales dont

il n'est pas permis, même au génie, de s'é-
carter.

Je n'en dirai pas plus sur les améliorations
que j'ai tâché d'introduire dans cet ouvrage,
où je ne me suis fait d'ailleurs aucun scru-
pule de profiter des travaux de mes devan-
ciers. Si, comme je l'espère, il est favora-
blement accueilli par les instituteurs de la
jeunesse, je ferai tout ce qui dépendra de
moi pour le rendre plus digne de leur suf-
frage dans une prochaine édition.

PROSODIE FRANÇAISE,

ou

RÈGLES DE LA VERSIFICATION FRANÇAISE.

La Prosodie, selon l'étymologie (1) et l'acception primitive de ce mot, est la prononciation régulière des syllabes conformément à l'accent et à la quantité.

On a ensuite donné, par extension, le nom de *Prosodie* à l'ensemble des règles de la versification.

La versification (qu'il ne faut pas confondre avec la poésie, dont elle n'est que la partie mécanique) *est l'art de construire les vers suivant certaines règles consacrées par l'usage.*

Le mécanisme des vers français est assujetti à quatre règles principales (2) : 1° le vers doit être composé d'un certain nombre de syllabes ; 2° il doit avoir un repos marqué ou une césure ; 3° il faut éviter le concours des voyelles qui ne souffrent pas d'élision ; 4° il faut rimer.

A ces règles, ajoutez celles qui concernent l'arrangement ou la disposition des vers entre eux, et celles qui ont rapport à l'harmonie poétique ; et vous aurez l'ensemble des principes de la versification française.

---

(1) Des deux mots grecs πρὸς, *selon*, ὠδὴ, *le chant.*
(2) L'abbé Dubos.

1

CHAPITRE PREMIER.

De la Mesure, et des différentes espèces de vers français.

Le vers français se mesure par le nombre des syllabes qu'il renferme (1). Ce nombre ne peut jamais dépasser douze syllabes dans les plus grands vers. (Voir l'*observation*, page 4.)

On compte dix sortes de vers français :

1° Le vers de douze syllabes, qu'on appelle aussi *alexandrin* (2), *héroïque* ou *hexamètre* :

1 2 3 4 5 6 7 8 9 10 11 12

Je | n'ai | fait | que | pas | ser, | il | n'é | tait | dé | jà | plus.

RACINE.

2° Le vers de dix syllabes, ou vers commun :

1 2 3 4 5 6 7 8 9 10

Fran | ce, | ton | nom | tri | om | phe | des | re | vers.

BÉRANGER.

3° Le vers de huit syllabes, ou *lyrique* :

1 2 3 4 5 6 7 8

Aux | so | li | tu | des | de | Mem | non.

DE LAMARTINE.

---

(1) Et non, comme les vers grecs et latins, par *la quantité* des syllabes, ou par le plus ou moins de temps qu'on met à les prononcer.

(2) Ainsi nommé, parce que *Lambert le Court* et *Alexandre de Paris* s'associèrent, dans le douzième siècle, pour traduire en vers l'*Histoire d'Alexandre-le-Grand*. Ils n'employèrent que des vers de douze syllabes, que, dès-lors, on appela *alexandrins*, du nom du héros, ou de celui de l'un des deux auteurs.

MERVESIN. Histoire de la Poésie française.

4° Le vers de sept syllabes :

<pre>
 1   2   3   4   5   6   7
Rien | ne | man | quait | au | fes | tin.
</pre>

La Fontaine.

5° Le vers de six syllabes, qui ne s'emploie guère qu'accompagné d'un grand vers :

Et, rose, elle a vécu ce que vivent les roses,
<pre>
  1   2   3   4   5   6
L'es | pa | ce | d'un | ma | tin.
</pre>

Malherbe.

6° Le vers de cinq syllabes :

<pre>
 1   2   3   4   5
Sa | voix | re | dou | table
Trou | ble | les | en | fers.
</pre>

J.-B. Rousseau.

7° Le vers de quatre syllabes :

<pre>
 1   2   3   4
A | dieu | pa | trie,
Bon | heur | a | dieu !
</pre>

C. Delavigne.

8° Le vers de trois syllabes, qui est ordinairement mélangé avec d'autres :

<pre>
  1   2   3
Des | fo | rêts
La sombre solitude.
</pre>

Ch. Nodier.

9° Il en est de même du vers de deux syllabes :

<pre>
O mon pays ! sois mes amours
  1   2
tou | jours !
</pre>

Chateaubriand.

10° Enfin le vers d'une syllabe, qui ne trouve place que dans les fables, les contes, les pièces badines, et surtout les chansons. Il est d'un agréable effet, par exemple, dans ce couplet sur le tabac :

> Je le trouve piquant,
> Quand
> J'en puis prendre à l'écart ;
> Car
> Tout plaisir vaut son prix,
> Pris
> En dépit des maris.
>
> SÉDAINE.

Quant aux vers de *onze* et de *neuf* syllabes, ils sont absolument exclus de notre poésie, ou du moins on ne les emploie que dans les pièces destinées à être mises en musique.

Observation.

Quel que soit le nombre de syllabes dont se compose un vers, la dernière syllabe ne compte jamais lorsqu'elle est muette, c'est-à-dire quand elle ne rend qu'un son étouffé, et qui expire en quelque sorte sur les lèvres (1) : telle est, par exemple, la dernière syllabe des mots *sain-te, diapha-nes, retentis-sent :* ces syllabes *ie, nes, sent,* sont à peine entendues.

Ainsi ce vers :

```
 1    2   3    4    5    6    7   8    9   10   11   12
Sou | mis | a | vec | res | pect | à | sa | vo | lon | té | sain | te
```

> RACINE.

ne compte que pour un vers de douze syllabes, quoiqu'il en renferme treize en réalité, parce que la dernière syllabe *te* est muette.

PHILIPPON DE LA MADELAINE. *Traité de Versification.*

Ce vers ne compte que pour dix syllabes,
quoiqu'il en ait onze :

1   2   3   4   5   6   7   8   9   10
De | mon | corps | pur | les | ra | yons | di | a | pha | *nes ;*
A. Dumas.

et celui-ci, pour huit syllabes, quoiqu'il ait une
neuvième syllabe, composée des quatre lettres
sent :

1   2   3   4   5   6   7   8
Quels | chants | sur | ces | flots | re | ten | tis | *sent.*
De Lamartine.

Nous verrons plus loin, au chapitre de l'*élision*, quelles sont les syllabes qui ne doivent
pas compter dans l'intérieur d'un vers.

CHAPITRE II.

Du nombre de Syllabes dans certains mots.

Puisque c'est par le nombre des syllabes
qu'on mesure le vers français, il est important
de connaître quand le concours des voyelles,
dans le même mot, forme deux syllabes, ou ne
forme qu'une diphthongue ou un monosyllabe.

RÈGLES GÉNÉRALES.

I. *Quand deux voyelles semblables se suivent dans un mot, elles forment toujours
deux syllabes.*

Exemples. *Cana-an, Nausica-a, créé, Pi-is,
co-opération.*

Il n'y a d'exception que lorsque l'*é* fermé est

suivi d'un *e* muet qui a un son tout différent, et ne peut être considéré comme la même voyelle. Ainsi, dans le mot *aimée, mée* ne forme qu'une syllabe.

II. *Quand deux voyelles se suivent dans un mot, et que l'une des deux est marquée d'un tréma (··) ou d'un accent aigu ('), elles forment deux syllabes.*

EXEMPLES. *A-érien, Ca-ïn, Sa-ül, Pha-éton, Ima-üs, Sé-ide, Né-ère.*

EXCEPTIONS. Les participes et adjectifs en *gué, qué,* tels que *distingué, remarqué;* et les substantifs en *ié : pitié, amitié.*

III. *Quand deux voyelles sont réunies en une diphthongue figurée par une des deux lettres doubles, Æ, OE, elles ne forment qu'une syllabe.*

EXEMPLES. *OE-rugineux, Æ-gipans, chœur, OE-dipe,* etc.

IV. *Les deux voyelles se détachent, lorsqu'elles sont précédées de deux consonnes, dont la première est muette et la seconde liquide.*

On appelle *liquides* les consonnes *l* et *r.* Ainsi, dans les mots *coudri-er, boucli-er, étri-er, sangli-er, peupli-er, voudri-ons, souffri-ons, trembli-ez,* etc., *i-er, i-ez, i-ons,* forment deux syllabes, tandis qu'ils n'en forment qu'une dans les mots *fumier, poirier, collier,* vous *verriez,* nous *voulions,* nous *mourions.*

EXEMPLES.

Mais tel qu'un sang*li-er* qu'en ses antiques bois
Recèle le Vésule. . . . .
DELILLE (1).

Vous souff*ri-ez* alors qu'il vous nommât son père,
Et vous le voud*ri-ez* bannir dans sa misère ?
A.

Comme il est impossible de renfermer dans des règles générales toutes les combinaisons diverses des voyelles dans les mots, nous allons successivement les passer en revue, en suivant l'ordre alphabétique, et indiquer les voyelles dont le concours forme une ou deux syllabes.

AI.

Ai, quand il n'y a pas de tréma sur l'*i*, ne forme qu'une voyelle : J'*ai-mai,* je *blâ-mai, o-rai-son, vrai, dé-lai,* etc.

Il n'y a d'exceptions que les noms propres en *a-ius,* où l'*a* se sépare de l'*i*, comme dans *Ca-ius, La-ius, Ba-ius.*

AO.

Ao est presque toujours de deux syllabes,

---

(1) Ce poète, qui fait ici *sangli-er* de trois syllabes, selon la règle, avait fait ce mot de deux syllabes dans ce vers de sa traduction des *Géorgiques,* première édition:

Livrer au fier sang-*lier* un assaut courageux.

Il se fondait sans doute sur ce vers de La Fontaine :

De bons et beaux *sang-liers,* daims et cerfs bons et beaux.

Mais l'usage a fait justice de cette prononciation dure et presque barbare dans tous les mots de ce genre.

qu'il soit ou non marqué d'un tréma : *Nécha-o,
Gaba-on, A-oste.*

Il est douteux dans *aoriste,* qui se prononce
à volonté *a-o-riste* ou *oriste;* dans *août,* qui se
prononce quelquefois *a-oût* dans la prose, mais
plus généralement *août* (*oût*) en poésie.

> Avant l'*août*, foi d'animal.
>
> LA FONTAINE.

> Et qu'à peine au mois d'*août* l'on mange des pois verts.
>
> BOILEAU.

Mais l'*a* se prononce séparément dans le dérivé
a-oûter.

Ao est encore monosyllabe dans ces mots
faon, Laon, paon, taon, Saône, qui se prononcent *fan, Lan, pan, ton, Sône :*

> Le Germain, le Persan, exilés de leur zône,
> Boiront, l'un l'eau du Tigre, et l'autre de la *Saône.*
>
> DOMERGUE.

AU, AUX.

Au, aux, lorsque l'*u* n'est pas marqué d'un
tréma, ne forment jamais qu'une seule syllabe,
et se prononcent comme un *o* : *é-tau, lan-dau,
sau-le, é-pau-le, ri-vaux, é-gaux,* etc.

AY.

Ay équivaut à *a-ï,* et se prononce de même
en deux syllabes : *pa-ys, ra-yon, cra-yon,
ba-yonnette.*

Mais, à la fin des mots, il ne forme qu'une
syllabe : *Cam-bray, Cour-tray,* etc.

EA.

Ea, lorsque l'*e* n'est pas marqué d'un accent aigu, ne forme qu'une syllabe, même lorsque l'*a* est suivi de la voyelle *u* : *abré-gea, corri-gea, eau, beau, seau, per-dreau.*

ÉE.

Ée est monosyllabe, même lorsque le premier *e* est marqué d'un accent aigu, lorsque le second est muet : *al-lée, val-lée, nuée,* etc.

Mais si le second *e* est suivi d'une consonne, il cesse d'être muet, et forme une syllabe distincte : *agré-er, procré-er, Né-ère,* etc.

Né-ère, ne va pas te confier aux flots.
André Chénier.

EI.

Ei est monosyllabe lorsque l'*e* n'est point marqué d'un accent aigu, ou l'*i* marqué d'un tréma : *nei-ge, sei-gle, frein, veil-le,* etc.

EO.

Eo forme presque toujours deux syllabes : *É-ole, gé-ographie,* excepté dans *geô-le, geô-lier.*

EU.

Eu, non accentué, ne forme qu'une syllabe : *Eu-ménides, veu-le, che-veu, feuil-le.*

EY.

Ey, suivi d'une autre voyelle, est dissyllabe : *sé-yait, assé-yait;* mais, à la fin d'un mot, il est monosyllabe : *Ney, Fer-ney, Belley,* etc.

1*

IA.

Ia forme généralement deux syllabes : *di-amant*, *di-adéme*, *étudi-a*, *mi-asme*, *vi-ager*, *li-ant*, *oubli-ant*, etc.

Mais il est monosyllabe dans quelques mots qui se réduisent à peu près à ceux-ci : *diable*, *fiacre*, *viande*, *liard*, *bréviaire*, *galimatias*, *familiarité*, et son dérivé *familiariser* :

Autour de cet amas de *viandes* entassées.
BOILEAU.

De peur de perdre un *liard*, souffrir qu'on vous égorge.
Le même.

La *familiarité* dégénère en mépris.　　　　A.

IAI.

Iai se prononce *i-é*, et forme toujours deux syllabes dans les verbes en *i-er* : *j'étudi-ai*, je *publi-ai*, *confi-ai*, *mari-ai*, etc.

Il est douteux dans *biais*, *biaiser*, que le poète peut à volonté faire d'une ou de deux syllabes :

Il veut voir maintenant quel *bi-ais* je prendrai.
MOLIÈRE. *L'Étourdi*, acte IV, scène 8.

Voyons, voyons un peu par quel *biais*, de quel air
Vous voulez soutenir un mensonge si clair.
MOLIÈRE. *Le Misanthrope*, acte IV, scène 3.

Il est certains esprits qu'il faut prendre de *biais*.
REGNARD. *Le Légataire*, acte II, scène I.

Je pense toutefois qu'il est mieux de le faire monosyllabe à la fin d'un vers, comme dans ce vers de Regnard.

IAU, IAUX.

Iau, iaux, forment toujours deux syllabes :

mi-auler, pi-auler, besti-aux, matéri-aux, etc.

IE.

Ie, avec l'*e* ouvert ou fermé, n'est ordinairement que d'une syllabe dans l'intérieur d'un mot, de quelque consonne qu'il soit suivi : *ciel, piè-ce, fiè-vre, bar-rière, pa-pier, pied, Gene-viève, fief, re-lief;* mais il est dissyllabe dans *gri-ef, bri-ef*, et son dérivé *bri-èveté.*

A la fin des mots, il est monosyllabe dans tous les substantifs terminés en *tié : ami-tié, pi-tié, moi-tié*, etc.

Mais dans les verbes, le nombre de ses syllabes varie.

Il est constamment de deux syllabes au participe passif des verbes en IER : *étudi-é, confi-é, déli-é*, etc.

Nous allons l'examiner successivement lorsqu'il est suivi des consonnes *l, n, nt, r, t, z.*

IEL, IELLE.

Iel est presque toujours de deux syllabes : *Gabri-el, matéri-el, substanti-el, kyri-elle*, excepté dans *ciel, fiel, miel, vielle.*

> J'entends sa *vielle* qui résonne.   BÉRANGER.

Il est douteux dans *pluriel* :

> Ton esprit, je l'avoue, est bien matéri-el :
> *Je* n'est qu'un singulier, *avons* est un *plu-riel.*
>   MOLIÈRE. *Les Femmes savantes.*

Molière, comme on le voit, ne donne que deux syllabes au mot *pluriel,* qui en a trois dans ce vers de Regnard :

> Vous pourrez aussi bien dire le *plu-ri-el.*
>   *Le Distrait*, acte III, scène 3.

IEN , IENNE.

Ien , ienne , dans les substantifs , dans les pronoms , les verbes et les adverbes , ne forment ordinairement qu'une syllabe : *chien , tien , mienne , bien , rien ,* je *viens ,* que je *vienne ,* je *soutiens ,* que je *soutienne ,* excepté dans *li-en :*

> Quel étrange captif pour un si beau *li-en !*
>
> RACINE. Phèdre, acte ii, scène 2.

Il fait généralement deux syllabes dans les noms qualificatifs, ou qui indiquent la profession, l'état, le pays : *musici-en , grammairi-en , itali-en ,* et dans les noms propres, comme *Appi-en , Fabi-en , Quintili-en* (1).

Cependant Racine a fait *praticien* de trois syllabes dans ce vers des *Plaideurs :*

> Va, je t'achèterai le *Pra-ti-cien* français.

Il est douteux dans *ancien* et *gardien ,* qui

---

(1) Je voudrais, dit Richelet, qu'on laissât au poète la liberté de faire cette terminaison *ien* d'une ou de deux syllabes, à volonté, lorsque la mesure du vers l'exigerait, et que cela ne blesserait pas l'oreille. Racine a fait *pra-ti-cien* de trois syllabes ; l'abbé Duresnel a fait *Quintilien* de quatre dans ces vers de sa traduction de l'*Essai sur la Critique :*

> Par l'ordre ingénieux qui règne en ses écrits,
> Le grand Quin-ti-li-en s'empare des esprits.

Quintilien était sans doute un habile rhéteur; mais l'épithète de *grand* ne lui convient nullement, et Duresnel ne la lui a donnée que pour rester fidèle à la mesure usitée. Il eût mieux fait de dire :

> Le sage Quinti-*lien* s'empare des esprits.

sont tantôt de deux syllabes, *an-cien*, *gar-dien*, tantôt de trois, *an-ci-en*, *gar-di-en*.

J'ai su tout ce détail d'un *an-ci-en* valet (1).

CORNEILLE. *Le Menteur*, acte III, scène 4.

Tous les peuples *an-ciens* que l'histoire dénombre.

BARTHÉLEMY.

Je n'ai point trouvé d'exemple de *gardien* de trois syllabes. En voici un de deux :

Et mon ange *gar-dien* qui me servait de guide.

Mme M. WALDOR. *L'Orpheline.*

Voltaire a fait *nécromancien* de quatre syllabes seulement :

Né-cro-man-*ciens*, devins, sorboniqueurs.

IENT, IANT.

Ient, iant, lorsqu'ils ont le même son (*ian*), sont toujours dissyllabes : *étudi-ant, cli-ent, ri-ant, expédi-ant.*

---

(1) Voltaire, dans ses *Remarques sur Corneille*, au vers cité, dit à ce sujet : « *An-ci-en*, de trois syllabes, rend le vers languissant ; *an-cien*, de deux syllabes, devient dur. On est réduit à éviter ce mot quand on veut faire des vers où rien ne choque l'oreille. » N'en déplaise à Voltaire, je crois que ce mot peut et doit figurer dans les bons vers, et qu'il vaut mieux le faire de deux que de trois syllabes, comme il fait *né-cro-man-cien* de quatre. M. Géraud, dans sa pièce intitulée *les Sylphes*, n'a donné pareillement que quatre syllabes au mot *ma-gi-cien-ne* :

Je vois les antiques fontaines
Où, dans la nuit des siècles écoulés,
Se rassemblaient de belles *magiciennes*.

IER , IERRE.

Ier, ierre, sont ordinairement d'une syllabe : *mé-tier, bierre, al-tier, fière, gros-sier, lu-mière.*

Ierre est douteux dans *lierre* :

> Le *lierre* aux graines d'or, aux longs bras sinueux.
>
> Le comte DE VALORY.

> Et permets que la main des timides pasteurs
> Unisse à tes lauriers un *li-erre* et des fleurs.
>
> GRESSET.

Ier est de deux syllabes,

1° Dans les mots où se trouve l'une des deux liquides *l* et *r*, précédée d'une consonne muette. (*Voyez* la règle IV.)

2° A l'infinitif des verbes en *ier* : *li-er, pri-er, humili-er,* etc. ;

3° Dans *hi-er* :

> Mais *hi-er* il m'aborde, et me serrant la main :
> Ah ! Monsieur, m'a-t-il dit, je vous attends demain.
>
> BOILEAU.

> Je l'observais *hi-er*, et je voyais ses yeux.
>
> RACINE.

Il s'employait anciennement d'une syllabe :

> Oui, *hier*, il me fut lu dans une compagnie.
>
> MOLIÈRE.

> Je fis *hier* à Vénus offrir un sacrifice.
>
> CORNEILLE. *Andromède*, scène 1.

> Le marchand repartit *hier* au soir sur la brune.
>
> LA FONTAINE.

Mais, depuis Racine, il en fait constamment deux dans les poëtes d'une oreille délicate.

Cependant il s'est maintenu d'une seule syllabe dans *avant-hier :*

Le bruit court qu'*avant-hier* on vous assassina.
Boileau.

IÈTE, IETTE.

Iète, iette, sont monosyllabes dans *diète, assiette, miette;* mais ils sont dissyllabes dans les mots où l'*i* est précédé d'une *r* ou d'une *l* simple : *sarri-ette, histori-ette, joli-ette, Juli-ette, glori-ette :*

Or écoutez certaine histo*ri-ette.*   A.

IEU, IEUX.

Ieu, ieux, sont monosyllabes dans les substantifs et les adverbes : *Dieu, cieux, lieu, lieu-tenant, mi-lieu, mieux, pieu, é-pieu.*

Ieux est dissyllabe dans les adjectifs : *ambiti-eux, envi-eux, curi-eux, pi-eux, furi-eux,* etc., excepté dans *vieux,* qui est toujours monosyllabe.

IO.

Io est presque toujours de deux syllabes : *vi-olence, vi-olon, di-ocèse, gaudri-ole.*

On peut excepter de cette règle : *pioche, fiole* et *babiole.*

Prends la *fiole,* ou..... Je crains qu'en ce désordre extrême.
Regnard. *Les Folies amoureuses.*

Il est douteux dans *kiosque :*

Obélisque, rotonde et *ki-osque* et pagode.
Delille.

Ses murs, ses minarets, ses *kiosques,* ses portiques.
Le même.

ION.

Ion est de deux syllabes dans les substantifs :
li-on, religi-on, uni-on, imaginati-on.

Ion est encore de deux syllabes à la première personne du pluriel du présent de l'indicatif et de l'impératif des verbes en *ier :* nous *oubli-ons,* nous *humili-ons, déli-ons, mari-ons;* et dans le verbe *rire :* nous *ri-ons.*

Mais il est d'une seule syllabe à la première personne du pluriel de l'imparfait de l'indicatif, du présent et de l'imparfait du subjonctif, dans tous les autres verbes : nous *vou-lions,* nous *ai-mions,* nous *finis-sions,* nous *rendions;* que nous *ai-mions, finis-sions, rendissions, aimas-sions, fis-sions, pris-sions,* etc.

Rions est de deux syllabes au conditionnel, lorsque l'*r* est précédée d'une syllabe muette : *voudri-ons, rendri-ons, soumettri-ons.* (Voyez la règle iv.)

Dans tous les autres cas, il est monosyllabe : nous *aime-rions, fini-rions, pour-rions, fe-rions,* etc.

Observations.

De nos jours, quelques novateurs ont voulu faire *ion* monosyllabe à la fin des mots, comme *vi-sion, imita-tion, imagina-tion,* afin de faire entrer ces mots plus facilement dans les vers, où ils occupent beaucoup d'espace en raison de la multiplicité de leurs voyelles. Mais, indépendamment de la dureté de cette contraction, qui rendrait encore plus désagréable la prononciation nasale de *ion*, ces messieurs n'ont pas réfléchi que ces mots en *ion* sont presque tous tirés du latin, où la finale *io* forme toujours deux syllabes : *conditi-o*, *nati-o*, *visi-o*, etc.

Ménage, également frappé de la longueur d'un grand nombre de mots en *ion*, voulait qu'on n'employât jamais en vers ceux qui avaient plus de trois syllabes. Ce serait se priver volontairement d'un grand nombre de mots qui figurent très-bien dans les vers : *am-bi-ti-on*, *il-lu-si-on*, *cré-a-ti-on* :

> L'*am-bi-ti-on* trop féconde en revers.
>
> LEBRUN.

> La douce *il-lu-si-on* de ce monde enchanté
> Console les ennuis de la réalité.
>
> SAURIN.

Beaucoup moins sévère que Ménage, à l'égard des mots en *ion*, nous voudrions seulement qu'on fût très-économe de ces mots lorsqu'ils ont plus de quatre syllabes, comme *cons-ti-tu-ti-on*, *com-mu-ni-ca-ti-on*, *re-pré-sen-ta-ti-on*, etc., qu'on pourrait appeler avec Horace, *sesquipedalia verba*, des mots d'un demi-pied, qui remplissent la moitié d'un vers alexandrin.

Delille, dans ses poèmes didactiques, s'est montré trop prodigue de ces mots interminables. Pour en faire sentir le ridicule, il suffira de citer ces deux vers, qui sont une parodie de ceux du chantre de l'*Imagination* :

> De la so-ci-é-té l'or-ga-ni-sa-ti-on
> Pourrait stu-pé-fi-er l'i-ma-gi-na-ti-on.
>
> *Épître d'un jeune Athénéen.*

IU.

Iu est de deux syllabes dans les adjectifs *di-urne*, *di-urétique*, ainsi que dans les noms en *i-us* : *Dari-us*, *Appi-us*, *Janséni-us*, excepté *Ca-ius* et *La-ius* (1).

OA.

Oa est toujours de deux syllabes : *O-asis*, *Go-a*, *Elo-a*, *Bidasso-a*, etc.

OE.

Oe est monosyllabe quand il n'est pas marqué d'un tréma ou d'un accent aigu (règle II) : *moelle*, *moelleux*, *moellon*, *poéle*, etc.

> Je tâte votre habit, l'étoffe en est *moelleuse*.
>
> MOLIÈRE.

> Il eut beau faire, il eut beau dire,
> On le mit dans la *poéle* à frire.
>
> LA FONTAINE.

OI.

Oi, sans tréma sur l'*i*, est toujours monosyllabe : *loi*, *foi*, *voix*, *oie*, *déploie*, *voilà*; et dans ces mots : *coin*, *foin*, *loin*, *soin*, etc.

---

(1) Un poète qui, dans ses vers, semble surtout viser à la bizarrerie, a récemment essayé de faire *ius* et *io* monosyllabes dans les noms propres tels que *Cas-sio*, *Ma-rius*, *Fa-bius*, etc. Mais il est à souhaiter que cette tentative malheureuse n'ait pas d'imitateurs. Quelle oreille, en effet, ne serait blessée de vers tels que celui-ci :

Mais puisque dans *Cas-sio* je rencontre un rival.

Cela est plus dur, plus rocailleux que les vers de Chapelain et de Dubartas.

OU.

Ou, sans tréma, et non suivi d'une autre voyelle, est toujours monosyllabe : *bou, coup, fou, vou-lons, pou-vons, mou-rons*, etc.

OUA.

Oua est toujours de deux syllabes à la troisième personne du singulier du prétérit des verbes en *ouer* : il *jou-a*, il *avou-a*, il *dou-a*.

Il est également de deux syllabes dans les substantifs : *ou-aille, ou-ate, dou-ane, dou-aire* :

> Le bon pasteur prend soin de ses *ou-ailles*.
>
> A.

> On apporte à l'instant ses somptueux habits
> Où sur l'*ou-ate* molle éclate le tabis.
>
> BOILEAU.

> Quoi, maraud ! pour aller jusques à la *dou-ane* !
>
> REGNARD. *Les Ménechmes*, acte 1, scène 2.

Voici cependant un exemple du mot *douanier* de deux syllabes :

> Vois ce censeur, *doua-nier* de la pensée,
> Qui la saisit aussitôt qu'énoncée,
> Et la confisque au profit du pouvoir.
>
> A.

Ouai est douteux dans le mot *douairière* :

> Ailleurs, c'est le piquet des graves *dou-ai-rières*.
>
> DELILLE.

> Savez-vous, gentille *douai-rière*,
> Ce que dans Sully l'on faisait,
> Lorsqu'Éole vous conduisait
> D'une si terrible manière ?
>
> VOLTAIRE.

Oua est monosyllabe dans *bi-vouac.*.

OUE.

Oue est monosyllabe quand l'*e* n'est pas marqué d'un accent aigu (règle II) : *ouest, fouet, fouet-ter :*

> Un valet manque-t-il à rendre un verre net ?
> Condamnez-le à l'amende ; et, s'il le casse, au *fouet.*
>
> > RACINE. *Les Plaideurs.*

Oue est douteux dans *mouette, chouette, girouette* et *pirouette.*

« *Girouette*, dit La Harpe (*Correspondance littéraire*), ne peut avoir en vers que trois syllabes : avec quatre, il choque l'oreille. »

Voltaire semble être de l'avis de La Harpe dans ce vers :

> Les *gi-rouet-tes* ne tournent plus
> Lorsque la rouille les arrête.
>
> > VOLTAIRE.

Mais Rivarol a donné quatre syllabes à ce mot:

> La mode. . . . .
> Semble avoir pour lui seul fixé les *gi-rou-et-tes.*

On sent que *pirouette* est absolument dans le même cas.

Oue est de deux syllabes lorsque l'*e* est suivi d'une *r* à l'infinitif des verbes *jou-er, lou-er, rou-er*, etc.

OUI.

Oui est presque toujours de deux syllabes :

Lou-is, jou-ir, éblou-ir, ou-ir, ou-ï (signifiant *entendu*) ; mais il est monosyllabe dans la particule affirmative *oui :*

Oui, monsieur, il est d'elle. — Avez-vous bien *ou-ï?*
— Voilà cinq ou six fois que je vous dis que *oui.*

BOURSAULT. Les Mots à la mode.

UA.

Ua est de deux syllabes dans les noms propres : *Gargantu-a, Nantu-a, Strénu-a ;* et au passé défini des verbes en *uer :* il *distribu-a,* il *tu-a,* il *ru-a :*

Tous les héros qu'Argant *tu-a*
Ne valaient pas Gargan*tu-a.*

Mais dans les verbes en *guer, quer,* il est monosyllabe : il *distin-gua, bivoua-qua, atta-qua.*

Il est encore monosyllabe au commencement des mots *quart, quan-tième, quan-tité, quasimodo, qua-tre,* et tous ses composés.

Au milieu des mots, il est douteux. Racine a fait *persuader* de trois syllabes dans ce vers :

Vous le souhaitez trop pour me le per-*sua*-der,

et de quatre dans cet autre :

Il suffit de tes yeux pour t'en per-*su-a*-der.

UE.

Ue, à la fin des mots, est monosyllabe : *vue, bé-vue, cir-que, co-hue, da-gue,* etc. ; mais lorsque l'*e* est suivi d'une consonne, il devient dissyllabe : *du-el*, *mu-et*, *tu-er*, *sensu-el*, *manu-el*, *ménu-et*, etc.

Cependant *ue*, même avec l'*e* fermé (*é*) ou ouvert (*è*), est monosyllabe lorsqu'il est précédé des consonnes *g* et *q* : *guer-re*, *guè-res*, *guet-tons*, *a-queux*, *requé-rons*, *atta-qué*, *bra-qué*, etc.

UI.

Ui ne forme ordinairement qu'une syllabe : *lui*, *qui*, *fui*, *buis*, *ennui*, *suite*, *cuivre*, *requi-em*, *qui-étude*, etc., excepté dans ces mots : *pitu-ite*, *ru-ine*, *bru-ine* et *dru-ide*.

UON.

Uon est de deux syllabes dans les verbes *tu-ons*, *situ-ons*, *distribu-ons*, etc., excepté dans les verbes en *guer* et *quer* : *distin-guons*, *atta-quons*, *fabri-quons*, etc.

CHAPITRE III.

De l'Élision.

Nous savons de combien de syllabes se compose chaque espèce de vers : nous venons de voir dans quels cas le concours de deux ou plusieurs voyelles forme une ou deux syllabes. Maintenant, pour bien *scander* un vers, c'est-à-dire pour en bien marquer la mesure, il ne nous reste plus à connaître que les lois de l'*Élision*.

L'élision est le retranchement d'une syllabe finale. Elle n'a lieu dans les vers français que lorsqu'un mot finit par un *e* muet, et que le mot suivant commence par une voyelle ou une *h* non aspirée.

Pour mieux faire comprendre en quoi consiste ce retranchement, nous allons en offrir un exemple :

> Votre crime est horrible, épouvantable, affreux.
>
> Ducis.

Si l'on compte toutes les syllabes de ce vers alexandrin, on en trouvera quinze :

1   2   3   4   5   6   7   8   9   10   11   12   13
Vo | tre | cri | me | est | hor | ri | ble | é | pou | van | ta | ble |
14   15.
af | freux.

Cependant le vers alexandrin, lorsqu'il n'est pas terminé par une syllabe muette, n'admet que douze syllabes. D'où vient donc que ce vers, qui d'ailleurs est correct, en renferme quinze ? C'est qu'en le scandant, on supprime l'*e* muet final dans les mots *crime, horrible, épouvantable,* parce qu'il est absorbé par la voyelle initiale du mot suivant, et l'on prononce *crim', horribl', épouvantabl'.* Dès-lors la suppression de ces trois *e* muets réduit à douze le nombre des syllabes de ce vers, que l'on scande ainsi :

1   2   3   4   5   6   7   8   9   10   11   12
Vo | tre | crim' | est | hor | ribl' | é | pou | van | tabl' | af | freux

En général, l'élision communique au vers un mouvement plus lent et plus doux ; mais il est des occasions où il est sage de l'éviter, parce qu'alors elle offenserait l'oreille. Est-il rien de plus dur, par exemple, que l'élision de l'*e* muet qui termine l'article *le*, quoique cet *e* soit suivi d'un mot commençant par une voyelle :

> Et dans tous vos discours célébrez-*le* à jamais.
> Soutiens-*le ; il* va frapper, saintement homicide.
> Consolez-*le en* ses maux, etc.

Racine, après avoir dit, dans la première édition de sa *Thébaïde :*

> Accordez-*le à* mes vœux, accordez-*le à* mes crimes,

s'est corrigé, en prenant un autre tour dans les éditions suivantes :

> Ne le refusez pas à mes vœux, à mes crimes.

Tous les poètes doivent suivre cet exemple, et éviter une élision aussi choquante pour l'oreille : elle est tout au plus admissible dans la comédie. Du moins Racine se l'est-il permise dans ce vers déjà cité.

> Condamnez-*le* à l'amende ; ou, s'il le casse, au fouet.

Observations.

1° Lorsque l'*e* muet final est suivi, dans le même mot, de *s* ou de *nt*, comme dans *astr*ES, *peupl*ES, COUP*ENT*, *trembl*ENT, l'élision ne peut plus avoir lieu, quoique le mot suivant commence par une voyelle ou une *h* non aspirée. L'*e* muet compte alors pour une syllabe, et l'*s*

ou le *t* se prononcent comme s'ils faisaient partie du mot suivant :

Toüs ceś ast*res er*rans dans les plaines célestes.
A.

Qu'ils tremb*lent à* leur tour dans leurs propres foyers.
Racine.

Il faut prononcer comme s'il y avait, dans le
premier vers, *tous ces* astre-*Z'errans;* et dans
le second, *qu'ils trem*blen-*T'à leur tour.*

2° L'*e* muet final, même lorsqu'il n'est pas
accompagné de *s* ou de *nt*, ne s'élide pas devant
un mot commençant par une *h* aspirée, et
compte alors pour une syllabe :

D'u*ne h*orde étrangère entourant ses murailles.
Lucien Arnault.

Il faut prononcer ici d'*u*-ne-hor-*D'étrangère,*
et non pas d'*un'-horde étrangère,* parce que
l'*h* est aspirée.

CHAPITRE IV.

De l'Hiatus et de l'H aspirée.

§ 1. De l'Hiatus.

Si, comme nous venons de le voir, l'*e* muet
final s'élide devant une voyelle ou une *h* non
aspirée, il n'en est pas de même de l'*é* fermé
et des autres voyelles *a, i, o, u.* Ces voyelles,
offrant un son plein et distinct, ne pourraient
se retrancher à la fin d'un mot sans en changer
complètement la prononciation.

2

On ne pourrait pas dire *vert' exemplaire* pour *vertu exemplaire*, ni *jol' enfant* pour *joli enfant;* mais on prononce *homm' aimable, incendi' horrible*, comme si l'*e* muet n'existait pas à la fin de ces mots *homme, incendie;* parce que cet *e* n'est pas nécessaire à la prononciation.

D'un autre côté, la rencontre de ces voyelles, *é* fermé, *a*, *i*, *o*, *u*, produit un heurt ou choc désagréable à l'oreille dans ces mots : *vrai honneur, vertu exemplaire, joli enfant*, etc. Ce heurt ou bâillement, qu'on appelle *hiatus*, est interdit par les règles de notre versification. C'est ce que Boileau a très-bien exprimé dans ces vers de l'*Art poétique :*

> Gardez qu'une voyelle, à courir trop hâtée,
> Ne soit d'une voyelle en son chemin heurtée.

RÈGLE GÉNÉRALE.

Un mot qui se termine par une voyelle autre que l'e muet, ne peut être placé dans un vers avant un autre mot qui commence par une voyelle ou par une h muette.

Je dis, ou par une *h* muette, parce que cette lettre n'étant comptée pour rien dans la prononciation, la voyelle qui suit cette *h* forme un hiatus avec la voyelle finale du mot qui précède. Ainsi ces mots : *vrai honneur, vertu héroïque*, ne peuvent entrer dans un vers.

2° Il en est de même de toute voyelle qui suit la conjonction *et*, parce que le *t* ne se prononce pas dans ce monosyllabe, qui a le son de l'*é* fermé. N'imitez donc pas ce vers :

Il est très-ignorant, *et il* est entêté ;

car pour que la rencontre de ces mots, *et*, *il*, ne formât pas un hiatus, il faudrait prononcer *é-til est entêté ;* ce qui serait horriblement dur à l'oreille, et contraire à l'usage, qui exige impérieusement que l'on prononce *é-il est entêté.*

Exceptions. Quelques prosodistes ont prétendu pourtant, et avec apparence de raison, que certaines locutions, telles que : *à tort et à travers, suer sang et eau, peu à peu, pied à pied, Fontenay-aux-Roses*, etc., ne formant en quelque sorte qu'un seul et même mot, pouvaient entrer dans un vers sans former un hiatus. Racine n'aurait donc pas eu tort de dire :

Je suais *sang et eau* pour voir si du Japon
Il viendrait à bon port au fait de son chapon.

Et La Fontaine :

Le juge prétendait qu'*à tort et à travers*
On ne saurait manquer condamnant un pervers.

Observation. Quant au monosyllabe *est*, il ne fait pas difficulté, et peut très-bien se placer devant une voyelle, parce que le *t* se prononce et se lie à la voyelle qui suit :

Il *est un* heureux choix de mots harmonieux.

Boileau.

§ 2. De l'H aspirée.

Quand la voyelle finale est suivie d'un mot commençant par une H aspirée, il n'y a pas hiatus, parce que l'*h* aspirée est une véritable consonne, et en a toutes les propriétés ; c'est-à-dire que toutes les voyelles qui la précèdent, même l'*e* muet, ne s'élident pas. Ainsi l'on peut dire dans un vers : *le vrai héros, la belle harpe, sa harangue, le joli hameau.*

EXEMPLES.

Le crime fait *la honte*, et non pas l'échafaud.
Je chante *ce héros* qui régna sur la France.

VOLTAIRE.

Il est donc essentiel de bien connaître quels sont les mots qui commencent par une *h* aspirée. En voici la liste à peu près complète, dont on a retranché les noms propres d'hommes, de villes, etc. :

Ha !	Hâle.	Haquet.	Harpie.
Hâbler.	Halener.	Harangue.	Harpon.
Hâblerie.	Haleter.	Haranguer.	Hart.
Hâbleur.	Halle.	Haras.	Hasard.
Hache.	Hallebarde.	Harasser.	Hase.
Hacher.	Hallier.	Harceler.	Hâte.
Hachette.	Halte.	Hardes.	Hâter.
Hachis.	Hamac.	Hardi.	Hâtif.
Hachoir.	Hameau.	Hardiesse.	Haubans.
Hachure.	Hampe.	Hardiment.	Haubert.
Hagard.	Hanap.	Hareng.	Have.
Haie.	Hanche.	Harengère.	Hâvre.
Haillon.	Hangar.	Hargneux.	Havre-sac.
Haine.	Hanneton.	Haricot.	Hausse.
Haïr.	Hanse.	Haridelle.	Hausse-col.
Haire.	Hanter.	Harnacher.	Hausser.
Halage.	Happelourde.	Harnais.	Haut.
Halbran.	Happer.	Haro.	Hautain.
Halbrené.	Haquenée.	Harpe.	Haut-bois.

Haute-contre.	Hibou.	Hormis.	Hoyau.
Haut-de-chausse	Hideux.	Hors.	Huche.
Haute-futaie, et tous les composés de *haute*.	Hie.	Hors-d'œuvre.	Huées.
	Hiérarchie.	Hotte.	Huer.
	Ho !	Houblon.	Huguenot.
Hé !	Hobereau.	Houe.	Huit.
Heaume.	Hoca.	Houille.	Humer.
Hein ?	Hoche.	Houleux.	Hune.
Hennir.	Hochepot.	Houle.	Hunier.
Hennissement.	Hocher.	Houlette.	Huppe.
Héraut.	Hochet.	Houppe.	Huppé.
Hère.	Holà !	Houppelande.	Hure.
Hérisser.	Homard.	Houri.	Hurlement.
Hérisson.	Hongre.	Houseau.	Hurler.
Hernie.	Honnir.	Houspiller.	Hussard et houzard.
Héron.	Honte.	Houssaie.	
Héros.	Hoquet.	Housse.	Hutte.
Herse.	Hoqueton.	Housser.	
Hêtre.	Horde.	Houssine.	
Heurter.	Horion.	Houx.	

Observations.

1° L'usage a fait aspirer dans la prononciation quelques mots qui ne commencent pas par une *h*, comme : *onze, onzième,* la particule affirmative *oui,* et les interjections *ah! eh! oh!* Ces mots peuvent donc être précédés d'une voyelle, sans qu'il y ait hiatus. Ainsi l'on peut dire en vers : *le onze du mois, lui onzième, eh! oui, ni oui ni non,* etc.

> *Le onze* de janvier mil sept cent quatre-vingts.
> *Lui onzième* arrivant, chacun se mit à table.   A.

> Le patron ne voulut dire
> *Ni oui ni non* sur ce discours.
> LA FONTAINE.

> *Oui, oui,* vous me suivrez; n'en doutez nullement.
> RACINE.

> Oh ! *là, oh !* descendez, que l'on ne vous le dise.
> LA FONTAINE.

2° Dans la poésie familière on se dispense

quelquefois d'aspirer l'*h* dans certains mots, comme *Henri, Hollande, Hongrie;* et l'on dit : *le cheval d'Henri IV, la reine d'Hongrie, du fromage d'Hollande.* Cependant cette dernière locution est peu usitée, même dans les vers négligés; et La Fontaine a cru devoir écrire :

Dans un fromage *de Hollande.*

Il n'en est pas de même de *Henri;* Habert de Montmaur a dit avec raison, à propos de la statue de Henri IV :

On ne parle point *d'Henri Quatre,*
On ne parle que du cheval.

CHAPITRE V.

De l'Hémistiche et de la Césure.

§ 1. DE L'HÉMISTICHE.

Ce n'est pas assez, pour qu'un vers soit correct, qu'il renferme exactement le nombre de syllabes exigé par la mesure, et que le concours des voyelles n'y produise aucun hiatus; il faut encore, dans les vers de douze et de dix syllabes, ménager un repos qui coupe le vers en deux parties, appelées *hémistiches;* repos qu'il ne faut pas confondre avec la *césure,* dont nous parlerons bientôt.

Le repos de l'hémistiche doit être placé après la sixième syllabe dans les vers alexandrins ou de douze syllabes, qu'il coupe en deux parties égales. Les deux vers suivans en offrent à la fois le précepte et l'exemple :

Que toujours dans vos vers ⹀ le sens, coupant les mots,
Suspende l'hémistiche, ⹀ en marque le repos.
BOILEAU.

Dans les vers de dix syllabes, le repos doit tomber sur la quatrième syllabe, et peut quelquefois, mais rarement, être placé à la sixième : il coupe ainsi le vers en deux parties inégales, dont l'une a quatre syllabes et l'autre six (1) :

Que le mensonge ⹀ un instant nous outrage ,
Tout est de feu soudain ⹀ pour l'appuyer :
La vérité ⹀ perce enfin le nuage ;
Tout est de glace ⹀ à nous justifier.   LA FONTAINE.

Observations.

1° Quelques critiques ont blâmé à tort le second vers de cet exemple, parce que le sens veut qu'on prononce de suite : *tout est de feu soudain*, et place ainsi le repos de ce vers à la sixième

---

(1) L'abbé Desmarets voulut introduire dans la poésie française des vers de dix syllabes coupés à la cinquième par un repos, tels que ceux-ci :

C'est au ciel, Timandre, ⹀ au ciel que réside
La paix, la sagesse, ⹀ et le bien solide.

Mais ces vers n'étant, à la rime près, que deux vers de cinq syllabes, réunis en un seul, cette tentative n'a point réussi. Cependant cette espèce de vers s'emploie quelquefois dans les pièces destinées à être mises en musique. Témoin ce couplet d'une romance bien connue :

Dans un vieux château ⹀ de l'Andalousie,
Au temps où l'amour ⹀ se montrait constant,
Où beauté, valeur ⹀ et galanterie
Guidaient au combat ⹀ un fidèle amant.

syllabe; ce repos n'est pas vicieux, et je pourrais en citer un grand nombre d'exemples dans les meilleurs poètes; entre autres dans Clément Marot, qui a fait un si heureux emploi du vers de dix syllabes. Voici même un exemple du repos à la huitième syllabe :

> On dit bien vrai, la mauvaise fortune
> Ne vient jamais qu'elle n'en amène une,
> Ou deux ou trois avec elle.

Mais c'est une licence dont il ne faut user que très-rarement.

2° Quoique le repos du vers alexandrin doive être placé à la sixième syllabe, et le repos du vers de dix syllabes à la quatrième, il ne s'ensuit pas que le sens doive être absolument terminé à l'hémistiche ; il suffit, pour que le vers soit correct, qu'on puisse s'y arrêter, et que rien n'oblige, en scandant le vers, à lier la dernière syllabe du premier hémistiche avec la première du second.

Ce serait d'ailleurs une bien mauvaise manière de lire les vers, que de faire sentir continuellement ce repos; ce serait les réciter en écolier, et leur ravir leur harmonie, en leur donnant une cadence monotone.

Voltaire, dans ces vers techniques, nous enseigne l'art de varier la coupe des vers, en observant toutefois les règles de l'hémistiche :

> Observez l'hémistiche, = et redoutez l'ennui
> Qu'un repos uniforme = attache auprès de lui ;

Que votre phrase heureuse ═ et clairement rendue ,
Soit tantôt terminée , ═ et tantôt suspendue :
C'est le secret de l'art. ═ Imitez ces accens
Dont l'aisé Jéliotte ═ avait charmé nos sens :
Toujours harmonieux , ═ et libre sans licence,
Il n'appesantit point ═ ses sons et sa cadence.
Sallé, dont Terpsichore ═ avait conduit les pas ,
Fit sentir la mesure ═ et ne la marquait pas.

Remarquez aussi que dans plusieurs de ces vers le dernier mot du premier hémistiche se termine par un *e* muet ; mais que cet *e* muet ne compte pas dans la mesure, et s'élide, parce que le premier mot du second hémistiche commence par une voyelle, comme nous l'avons dit au chapitre de *l'élision*.

Le repos sera défectueux dans les vers de douze et de dix syllabes,

1° S'il coupe un mot en deux, comme dans ce vers alexandrin :

Que peuvent tous les *fai*═*bles* humains devant Dieu ?

ou dans celui-ci de dix syllabes :

Qué sont les *fai*═*bles* humains devant Dieu?

2° S'il tombe sur un mot terminé par un *e* muet qui ne s'élide pas avec la première syllabe du second hémistiche :

Dans l'eau d'Hippocrène ═ je n'ai jamais puisé.
C'est la gloire ═ qui conduit Alexandre.

3° Si l'*e* muet qui se trouve à l'hémistiche est suivi d'une ou de plusieurs consonnes qui n'en permettent pas l'élision :

Les grands talens blessent ═ et torturent l'envie.
Tous les peuples ═ anciens et modernes.

2*

4° Si le repos tombe sur un mot inséparable de celui qui suit :

> Adieu, je m'en vais *à* = Paris pour mes affaires.
> Nous verrons *si* = je suis chez moi le maître.

5° Le repos est encore vicieux lorsqu'on le fixe sur le verbe *être*, placé entre le sujet et son attribut :

> Alors le crime *était* = accompagné de honte.
> Oui, Bayard *est* = un héros accompli.

6° S'il sépare un substantif de l'adjectif qui en complète le sens, ou deux mots qui se lient nécessairement l'un à l'autre. Racine a donc eu tort de dire dans *les Plaideurs :*

> Ma foi, j'étais un *franc* = *portier* de comédie.

Ce vers de dix syllabes n'est pas moins fautif :

> On n'acquiert *rien* = *de bon* à me fâcher.

Observation. Si cependant le substantif est suivi ou précédé de plusieurs adjectifs, il peut en être séparé par le repos :

> Ces chanoines *vermeils* = et brillans de santé,
> S'engraissaient d'une *sainte* = et molle oisiveté.
> BOILEAU.

> C'est une *chose* = indigne, lâche, infâme,
> De s'abaisser = jusqu'à trahir son âme.　　　　A.

7° Le repos est encore défectueux, s'il coupe en deux une conjonction :

> L'un vit long-temps *après* = *que* l'autre a disparu.
> Du moins *avant* = *qu'on* t'ouvre la barrière.

8° S'il atteint un *qui* ou un *que* relatif :

> Bénissons Dieu de *qui* = la puissance est sans bornes.
> Ce héros *dont* = tu vantes les exploits.

Il y a encore une foule d'autres cas où le repos est vicieux, et qu'il serait trop long d'énumérer. L'oreille du poète doit encore mieux que les règles et les exemples le préserver des fautes qui résultent du mauvais placement du repos dans les vers de douze et de dix syllabes.

§ 2. DE LA CÉSURE.

Comme nous l'avons dit précédemment, les mots *césure* et *repos* ne sont pas synonymes, bien qu'un grand nombre de prosodistes les aient employés indifféremment l'un pour l'autre.

Césure (du mot latin *cædere*) signifie *coupure*. Or, un vers peut avoir plusieurs coupures, quoiqu'il n'ait qu'un seul repos à l'hémistiche. Pour rendre plus sensible la différence qui existe entre le *repos* et la *césure*, j'ai marqué, dans les vers suivans, les césures par un simple trait — et les repos par un trait double ⹀ :

Mon arc, — mes javelots, ⹀ mon char, — tout m'importune.
RACINE.

Je le vis ; — son aspect ⹀ n'avait rien de farouche.
Le même.

Vivons pour nous, ⹀ ma sœur, — mon Amélie ;
Que l'amitié, ⹀ que le sang — qui nous lie,
Nous tiennent lieu ⹀ du reste des humains :
Ils sont si sots, ⹀ si dangereux, — si vains.

On voit qu'il y a autant de césures que de suspensions, plus ou moins marquées, dans le cours d'un vers. Les césures facilitent la marche

du vers, en varient la coupe, et concourent à
le rendre plus souple, plus harmonieux.

Observations. Le repos à l'hémistiche est de
nécessité absolue dans les grands vers ; c'est
un élément essentiel de leur mécanisme. La
césure n'y est qu'un agrément dont le vers peut
se passer, tandis qu'il ne saurait marcher sans
le repos à l'hémistiche.

Observez encore que le repos à l'hémistiche
est nécessairement une césure, mais que la césure existe indépendamment du repos à l'hémistiche. On en voit encore un exemple frappant
dans ces vers :

Vous marchez : — l'horizon == vous obéit. — La terre
S'élève, — redescend, == s'allonge, — se resserre.

Une autre différence entre le repos et la césure, c'est que si les vers qui ont moins de dix
syllabes ne sont pas assujettis au repos de l'hémistiche, il est cependant indispensable d'y
ménager quelques repos à l'haleine du lecteur.
Ces repos sont de véritables césures que l'on
doit varier autant que possible de vers en vers,
pour éviter la monotonie.

Observation. Il n'y a point de règles pour les
césures dans les vers de huit, de sept, de six et
de cinq syllabes. Le goût du versificateur peut,
à son gré, les admettre ou les omettre, les varier
ou les multiplier : c'est à son oreille à en régler
l'usage pour donner de la mollesse ou du nombre
à ses vers. On remarquera toutefois que dans les

vers de huit syllabes, par exemple, le repos a plus de grâce après la troisième ou la quatrième syllabe qu'après la seconde, la cinquième ou les suivantes. En effet, si l'on s'arrête après la seconde syllabe, la fin du vers paraît trop lente en proportion de son commencement; s'arrête-t-on après la cinquième, cette fin semble trop précipitée. On sentira la justesse de ces observations en lisant la première strophe de l'*Ode à la Fortune*, où nous avons indiqué les césures comme précédemment :

Fortune, — dont la main couronne
Les forfaits — les plus inouïs,
Du faux éclat — qui t'environne,
Serons-nous toujours — éblouis?
Jusques à quand, — trompeuse idole,
D'un culte — honteux et frivole
Honorerons-nous — tes autels?
Verra-t-on toujours — tes caprices
Consacrés — par les sacrifices
Et par l'hommage — des mortels?

J.-B. Rousseau.

CHAPITRE VI.

Des mots qui ne peuvent entrer dans le corps du vers.

Parmi les mots qui se terminent par un *e* muet, il en est où cet *e* est précédé d'une consonne, comme dans mu*se*, ha*che*, tendre*sse* : ces mots peuvent entrer dans le corps d'un vers, qu'ils soient suivis d'une consonne ou d'une voyelle.

Dans le premier cas, l'*e* muet et la consonne qui le précède forment une syllabe qui compte dans la mesure du vers :

Muse, changeons de style, ou je cesse d'écrire.

Boileau.

Dans le second cas, c'est-à-dire lorsque ces mots sont suivis d'une voyelle, l'*e* muet qui les termine s'élide, et la syllabe à laquelle il appartient ne compte pas dans le vers, comme nous l'avons dit au chapitre de l'*élision*.

Mais il est aussi des mots où l'*e* muet est précédé d'une autre voyelle, comme mus*ée*, *vue*, pr*oie*, cig*uë*, br*oie*, cr*ie*, etc. : ces mots ne peuvent entrer dans le corps d'un vers qu'au moyen de l'élision, c'est-à-dire qu'ils doivent être nécessairement suivis d'un mot commençant par une voyelle.

Molière a donc fait une faute dans ce vers du *Misanthrope* :

Mais elle bat les gens et ne les pai*e* point ;

tandis que, s'il eût dit :

Mais elle bat les gens et les pai*e assez* mal,

le vers serait correct, parce que l'*e* final de *paie* s'éliderait avec l'*a* initial de *assez*.

Il résulte de là que, dans les mots terminés par deux voyelles, lorsque l'*e* muet est suivi de l'*s* caractéristique du pluriel des noms et de la seconde personne du singulier des verbes, comme dans *galanter*ies, tu *cr*ies, tu te *mar*ies, ou lorsque cet *e* muet est suivi de *nt* caractéristique de la troisième personne du pluriel des verbes, comme ils *crient*, ils se *marient*, ils *tuent*, ces mots ne peuvent entrer dans le corps d'un vers, parce que l'élision de l'*e* muet ne peut plus avoir lieu.

Ainsi l'on ne pourrait pas dire :

> De tes galante*ries* enfin bornant le cours,
> Il est donc vrai, dans peu tu te ma*ries*, Alcippe ?

Mais Boileau a dit avec raison :

> Enfin, bornant le cours de tes galanteries,
> Alcippe, il est donc vrai, dans peu tu te ma*ries*?

parce que, dans ces vers, la dernière syllabe *es*, étant muette, ne compte pas.

RÈGLE GÉNÉRALE.

Tous les mots où l'e muet, précédé d'une autre voyelle, ne s'élide pas, ne peuvent entrer dans le corps d'un vers, ou ne peuvent être placés qu'à la fin.

Il y a cependant plusieurs exceptions à cette règle :

1° Les mots en *gue*, *que*, comme *foug*UE, *intrig*UE, *masq*UE, *monarq*UE, parce que, dans ces mots, la voyelle *u* ne sert qu'à donner une prononciation forte au *g*, qui, sans cet *u*, se prononcerait *j*, comme dans *songe* (*sonje*). Aussi J.-B. Rousseau a-t-il pu dire :

> Le masq*ue* tombe, l'homme reste,
> Et le héros s'évanouit ;

et Lalanne, en parlant de deux coqs :

> Déjà les combattans, dans leur foug*ue* bouillante,
> Se dressent l'œil en feu, la crête étincelante.

2° Le mot *soient*, troisième personne plurielle du présent du subjonctif du verbe *être* :

> Que ses discours, partout fertiles en bons mots,
> *Soient* pleins de passions finement maniées,
>
> BOILEAU.

La plénitude du son *oi* (*oa*) dans *soient* étant la seule raison qu'on puisse donner de cette exception, elle doit s'étendre aux mots *voient* et *croient*, qui présentent un son également plein. Ainsi, selon nous, il n'y a point de faute dans ces vers :

> Et l'ardente Libye, et les murs d'Alexandre,
> La *voient* vers le midi s'abaisser et descendre.
>
> MALFILATRE.

3° C'est aussi cette plénitude de sons qui a fait recevoir dans le corps du vers la terminaison *aient* des imparfaits et des conditionnels, qui ne forme qu'une seule syllabe, comme si elle s'écrivait *ait* :

> Mille ruisseaux, fuyant à travers la verdure,
> Se croi*saient*, ci*rculaient*, mari*aient* leur eau pure.
>
> GILBERT.

Observation. La raison qui a fait admettre dans le corps des vers cette terminaison *aient* des imparfaits et des conditionnels, doit faire obtenir la même faveur au mot *aient*, troisième personne plurielle du présent du subjonctif du verbe *avoir*. Delille, à mon avis, a pu dire, sans pécher contre la règle :

> Que mille adorateurs dans Sidon, autrefois,
> *Aient* brigué vainement l'honneur de votre choix ;

mais il aurait fait une faute s'il eût dit, en faisant *aient* de deux syllabes :

Ai-ent en vain brigué l'honneur de votre choix ;

parce que ce serait pécher à la fois contre la mesure et l'harmonie, qui ne permettent pas de décomposer cette diphthongue *aient* en deux syllabes.

CHAPITRE VII.

De la Rime.

Jusqu'ici nous avons considéré le vers français isolément ; nous allons voir maintenant quels sont les principes qui le régissent dans ses rapports avec d'autres vers.

Le rhythme des vers français étant peu marqué, puisqu'il ne consiste guère que dans le nombre des syllabes et le repos de l'hémistiche, pour indemniser en quelque sorte l'oreille du manque de prosodie qui s'y fait sentir, on y a suppléé par la rime, qui est le caractère distinctif de notre poésie (1).

---

(1) Le goût de la rime remonte à une très-haute antiquité. On en attribue l'invention aux Bardes et aux Druides, qui furent nos premiers poètes comme nos premiers théologiens. Mais, comme aucun monument de la poésie gauloise n'est parvenu jusqu'à nous, nous nous bornerons à constater l'existence de la rime sous Louis VII, dans les *vers léonins*, espèce de vers latins qui rimaient au troisième et au sixième pied, comme ceux ci :

La rime est le retour de sons semblables ou uniformes à la fin de deux ou plusieurs vers.

Il n'est personne qui ne sente à la première lecture la ressemblance qui existe entre les sons qui terminent ces vers :

Oui, je viens dans son temple adorer l'Éternel ;
Je viens, selon l'usage antique et solen*nel*,
Célébrer avec vous la fameuse jour*née*
Où, sur le mont Sina, la loi nous fut don*née*.
RACINE.

Cette ressemblance de sons qui existe entre les mots *éter*NEL et *solen*NEL, *jour*NÉE et *don*NÉE, est ce qui constitue la rime.

§ I. DES RIMES MASCULINE ET FÉMININE.

La rime se divise en *rime masculine* et en *rime féminine.*

La rime masculine est celle qui termine les vers par un son plein et arrêté, comme la dernière syllabe de ces vers :

Descends du haut des cieux, auguste vér*ité* ;
Répands sur mes écrits ta force et ta cl*arté.*
VOLTAIRE.

La rime féminine est celle qui termine le vers

Mensibus erra*tis* ad solem ne sedea*tis.*
Ut vites pœ*nam*, de potibus incipe cœ*nam.*

La rime, inutile dans les vers rhythmiques, où elle créait sans profit une difficulté de plus, fut bientôt exilée des vers latins ; mais les Trouvères et les Troubadours, nos anciens poètes, lui donnèrent asile dans leurs vers mesurés, dont elle devint le plus bel ornement.

par une syllabe muette ; c'est-à-dire, soit par
un *e* muet :

> Je chante les combats et ce prélat terri*ble*
> Qui, par ses longs travaux et sa force invinci*ble*.
>
> BOILEAU.

soit par un *e* muet suivi d'une *s* :

> Connais-tu l'héritier du plus saint des mon*arques*,
> Reine? De ton poignard connais du moins les m*arques*.
>
> RACINE.

soit par un *e* muet suivi de *nt* :

> Ici, c'est un hameau que les bois envi*ronnent*;
> Là, de leurs longues tours les cités se cou*ronnent*.
>
> DELILLE.

Observations.

Il y a plusieurs observations à faire au sujet de
la rime féminine :

1° Les vers à rime féminine comportent nécessairement une syllabe de plus que les vers à rime
masculine de la même mesure, parce que la
dernière syllabe des rimes féminines étant
muette, ne compte pas dans le vers. (Voyez
chapitre Ier, *observation*, page 4.)

2° La voix ne pouvant s'arrêter que sur la
syllabe sonore qui précède la syllabe muette, il
faut nécessairement deux syllabes pour une rime
féminine. En effet, ce qui constitue la rime
dans ces mots *terr-ible* et *invinc-ible*, ce n'est
pas *ble* : car *proba-ble* se termine aussi par la
finale *ble*, et ne rime pas avec *terr-ible* ; c'est
i-ble. Dans les mots *mon-arques* et *marques*,

ce n'est pas *es* qui fait la rime, ce n'est pas même *ques* : car *Pâques* ne rime pas avec *marques*, ni *Jacques* avec *Plutarque*; c'est *ar-ques*. Dans *envi-ronnent* et *cou-ronnent*, ce n'est pas *nent*, mais *on-nent*, qui rime. La syllabe sonore qui précède la syllabe muette dans les rimes féminines s'appelle *syllabe d'ap--pui*; dans *m*ARQUES et *mon*ARQUES, la syllabe d'appui est *ar*.

3° La finale *ent* ne constitue pas une rime féminine dans les substantifs, adjectifs et adverbes terminés en *ent*, *serp-ent*, *prud-ent*, *ami-cale-ment*; et cela, par une raison fort simple, c'est que dans ces mots la syllabe *ent* se prononce *an*, et, au lieu d'être muette, est pleine et sonore. Elle rentre donc dans la classe des rimes masculines.

4° La finale *ent* ne constitue pas non plus une rime féminine dans les troisièmes personnes du pluriel des imparfaits et des conditionnels, parce qu'alors cette finale *ent* se trouve précédée des diphthongues *oi* ou *ai*, et ne forme avec elles qu'une seule et même syllabe qui a un son plein où l'*e* muet ne se fait pas sentir, comme *dis-*AIENT, *combatt-*AIENT, *parl-*AIENT, qui se prononcent comme s'il y avait *di-sé*, *par-lé*, *combatt-é* :

> Aux accords d'Amphion les pierres se mouv-*aient*,
> Et sur les murs thébains en ordre s'élev-*aient*.

5° Mais pour peu que l'*e* muet se détache de la diphthongue qui le précède, et se fasse sentir à l'oreille, comme à l'indicatif des verbes : ils effr-*aient*, ils p*aient*, ils envo*ient*, ils cro*ient*, ils s'évert*uent*, ils s'habit*uent*, la rime redevient féminine, comme dans cet exemple :

> Leurs pavillons brillans sur les flots se dépl*oient;*
> L'air retentit des cris que les échos renv*oient*.   A.

§ 2. Des Rimes riches et des Rimes suffisantes.

Les rimes, tant masculines que féminines, se subdivisent en rimes *riches* et en rimes *suffisantes*.

1° La rime riche est formée de deux sons parfaitement semblables pour l'oreille, comme *loi*-sir , *plai*-sir , *sa*-phir et *zé*-phyr ; *atte*-lée , *conso*-lée :

> Sur une conque de sa*phir*,
> De huit papillons atte*lée*,
> Elle passait comme un zé*phyr;*
> Et la terre était consolée.
> Béranger.

2° La rime suffisante est celle qui n'a pas une convenance de son rigoureusement exacte, mais qui offre cependant à l'oreille une assez grande ressemblance entre les sons qui terminent deux ou plusieurs vers :

> Tantôt dans le silence, et tantôt à grand *bruit*,
> A la clarté des cieux, dans l'ombre de la *nuit*.
> Voltaire.

> Je sais qu'un noble esprit peut, sans honte et sans *crime*,
> Tirer de son travail un tribut légi*time*.
> Boileau.

Observation.

La rime riche est de rigueur dans la poésie lyrique, dans l'ode, dans le dithyrambe. De nos jours M. Béranger a prouvé que, même dans la chanson, elle ne nuisait ni à la verve ni à la gaîté du poète. MM. Barthélemy et Méry, dans leur beau poème de *Bonaparte en Égypte*, ont poussé jusqu'au luxe la richesse de la rime, qui cependant semble se présenter à eux sans peine, sans effort. MM. Lamartine, Victor Hugo et Casimir Delavigne se font aussi remarquer par leur exactitude à rimer; et j'ose affirmer que ce n'est pas un des moindres charmes de leurs admirables poésies. En général, les poètes de notre époque paraissent se faire un devoir d'exclure de leurs ouvrages les rimes insuffisantes ou négligées; en cela ils suivent l'exemple des grands modèles du siècle de Louis XIV, et surtout de Racine et de Boileau. On n'en peut pas dire autant des poètes du dix-huitième siècle. Voltaire, se livrant à sa prodigieuse facilité, a trop souvent péché contre la rime; Delille n'est pas non plus à l'abri de ce reproche, et la faiblesse de ses rimes dépare quelquefois ses plus beaux passages.

« Dans les longs ouvrages, dit Louis Racine, « il n'est pas toujours nécessaire que la rime soit « riche; mais il est toujours nécessaire qu'elle « soit exacte. Pécher en vers français contre la « rime, c'est pécher en vers latins contre la

« quantité. La faute est égale : *mal rimer, c'est*
« *mal faire des vers.* »

§ 3. Des Lettres et des Syllabes équivalentes.

Deux mots peuvent rimer ensemble, et même
richement, quoiqu'ils ne se terminent pas par les
mêmes lettres. Il suffit pour cela qu'ils se terminent par des lettres ou des syllabes équivalentes,
c'est-à-dire qui rendent un son semblable.

I. Les lettres équivalentes en français sont :

1° *c, ch, g, k* et *q*. *Bloc* rime avec *Roch,*
avec *coq* et avec *Cradock; flanc* rime avec
sang. Exemples :

> Sire, mon père est mort, mes yeux ont vu son *sang*
> Couler à gros bouillons de son généreux *flanc.*
>
> P. Corneille.

> Lisez ces vers, me disait monsieur *Roch,*
> Pour le rébus, l'énigme et la charade,
> De nos rimeurs, sans nul doute, le *coq;*
> Lisez ces vers : ils sont de mon *estoc.*   A.

2° *d* équivaut à *t*. *Grand* rime avec *conqué-
rant*, et *hasard* avec *art :*

> Sur l'argent, c'est tout dire, on est déjà d'ac*cord;*
> Le beau-père futur vide son coffre-*fort.*
>
> Boileau.

> Son style impétueux souvent marche au has*ard :*
> Chez elle un beau désordre est un effet de l'*art.*
>
> *Le même.*

3° *x* équivaut à *z* et à *s*. Ainsi *épais* rime
bien avec *paix*, *assez* avec *compassés*, *épris*
avec *prix*, et *poids* avec *poix :*

Pénétrez avec moi sous cet ombrage épais :
Là règnent le repos, le silence et la paix.   A.

Vous donc qui d'un beau feu pour le théâtre épris,
Venez en vers pompeux y disputer le prix.
BOILEAU.

4° *m*, à la fin des mots, équivaut à *n*. *Faim* rime avec *fin*, es*saim* avec *sein*, *nom* avec *non*, et ma*tin* avec *thym* :

Lorsque versant ses pleurs sur la rose et le *thym*,
Elle ouvre dans lês cieux les portes du ma*tin*.
L. RACINE.

Baignent d'oiseaux brillans un innombrable es*saim*,
De masses de verdure enrichissent son *sein*.
DELILLE.

5° *ph* équivaut à *f*. Étouf*fée* rime bien avec Or*phée* et Al*phée*, et gri*ffe* avec logo*griphe* et apo*cryphe*, éto*ffe* avec philoso*phe*, etc. :

Des chantres de nos bois les voix sont étouf*fées ;*
Au siècle des Midas on ne voit plus d'Or*phées*.
VOLTAIRE.

Vous en qui le monstre fatal
Dont OEdipe trancha là gri*ffe*
Eût jadis trouvé son égal ;
Vous, le soutien du logo*griphe*,
Et l'ornement du seul journal
Qui n'ait jamais rien d'apo*cryphe*.
FERLUS. *Épître à un grand auteur
de logogriphes.*

6° *th* équivaut à *t*. Vé*rité* rime avec *thé*, et laby*rinthe* avec en*ceinte*.

Ce soir, mon cher voisin, vous êtes invi*té*
A venir sans façon chez nous prendre le *thé*.   A.

De ses jardins, odorant laby*rinthe*,
La fée alors gagne la vaste en*ceinte*.   MILLEVOYE.

II. Les syllabes équivalentes sont :

1° *ci* et *si*, dans tous les mots où ils se prononcent de même : sou**ci** rime avec tran**si**, ain**si** avec ce**ci**, rétré**ci** avec réus**si**, etc.

> Votre jeune Apollon, qui n'a point réus*si*,
> Dans la satire encor ne peut être endur*ci*.　　GILBERT.

2° *cie*, *sie*, *tie*, et *xie*, qui équivaut à *csie*, comme dans pharma**cie**, Circa**ssie**, facé**tie**, apople**xie** et un grand nombre de mots semblables qui riment bien les uns avec les autres :

> Au flanc des vieilles tours, par les siècles noir*cies*,
> Le temps a sillonné de sombres prophé*ties*.
> 　　　　　　　　　BARTHÉLEMY.

> Qui s'avance en ces lieux ? C'est la fière Eudo*xie*,
> La reine des beautés de l'aristocra*tie*.　　A.

3° *cien*, *sien*, *tien*, qui riment très-bien ensemble dans les mots où ils se prononcent de même, comme an**cien**, paroi**ssien**, béo**tien** :

> C'était un grave et savant Égyp*tien*,
> Grand alchimiste et mathémati*cien*,
> Qui s'occupait tant soit peu de magie :
> Nul nom n'était plus connu que le *sien*
> En Arabie, en Perse, en Géorgie.　　A.

4° On concevra sans peine qu'il en est de même des mots en *cion*, *sion*, *tion* et *xion*, comme Al**cyon**, excur**sion**, adop**tion**, réfle**xion** ;

Et des mots en *cieux*, *sieux*, *tieux*, comme gra**cieux**, cha**ssieux**, sédi**tieux**, etc. ;

Enfin de tous les mots où le *t* et l'*s* se prononcent comme un *ç*.

5° *ai* rime avec *é* quand il a le même son que cette voyelle, comme, par exemple, au parfait défini des verbes de la première conjugaison, comme j'*aim*AI, je *parl*AI, j'*ador*AI; au futur de tous les verbes, j'*aime*RAI, je *lir*AI, je *mour*RAI; et à l'indicatif présent du verbe avoir, j'*ai*, etc.

> Et grâce à ses leçons, sans avoir voyagé,
> Vous n'imaginez pas la science que j'*ai*. DE BOUFFLERS.

> Le voilà donc, grand Dieu! ce prophète sacré,
> Ce roi que je servis, ce Dieu que j'*adorai*. VOLTAIRE.

> . . . . J'ai le cœur si serré,
> Que je ne puis parler, et crois que j'en *mourrai*.
> MOLIÈRE.

6° Lorsque *ai*, suivi de *s* ou de *t*, prend le son de *é* ou *è*, comme à l'imparfait des verbes, j'*aim*AIS, *tu aim*AIS, il *aim*AIT; au conditionnel, j'*aimer*AIS, *tu aimer*AIS, *il aimer*AIT, ces mots riment très-bien avec les mots en *ès*, *et*, *ets*. Ainsi je *finiss*AIS rime avec *succ*ÈS; il *chan*-*ge*AIT, avec *proj*ET; il *aimer*AIT, avec *for*ÊT; et tu *aimer*AIS, avec *for*ÊTS.

EXEMPLES.

> Et l'auditoire s'étonn*ait*
> Qu'il n'y jetât pas son bonn*et*. FLORIAN.

> Denis courut, amis, qui le croirait?
> Chercher l'honneur... où? dans un cabaret! VOLTAIRE.

7° Toutes les fois que *ai*, à la pénultième syllabe, prend le son de l'*è* ouvert dans les mots à rime féminine, ces mots riment avec ceux où *è* sert d'appui à une rime du même genre. Ainsi *vaine* rime avec *ar*ÈNE, *témér*AIRE avec *préf*ÈRE, AILE avec *fid*ÈLE, et *m*AÎTRE avec *h*ÈTRE :

> Le doux plaisir des champs fuit une pompe *vaine* :
> L'orgueil produit le faste, et le faste la *gêne*.

Il en est de même des mots dans lesquels *ei* se prononce *é* ou *ai;* r*E*in*e* rime très-bien avec *souver*aine, et r*ei*tr*e* (cavalier allemand) avec *appar*aître, etc.

§ 4. Des Rimes insuffisantes ou vicieuses.

La rime ayant été inventée pour le plaisir de l'oreille, *c'est pour l'oreille qu'il faut rimer et non pas pour les yeux.*

Il résulte de là, 1° qu'un grand nombre de syllabes qui s'écrivent de la même manière ne riment pas ensemble, lorsqu'elles se prononcent différemment. Ainsi, dans ces deux vers de Corneille :

..... Si tu le vois, agis comme tu *sais.*
— Ce n'est pas par ce coup que je fais mes es*sais.*

Le Menteur, acte 4.

Tu *sais* ne rime pas avec *essais*, comme l'a très-bien remarqué Voltaire; parce que tu *sais* se prononce comme s'il y avait tu *sé* avec l'*é* fermé, tandis qu'*essais* se prononce comme *essès*, avec l'*è* ouvert.

Par la même raison *ai*mer ne rime pas avec mer et *a*mer, quoique la dernière syllabe de ces trois mots s'écrive identiquement de la même manière; *en*fer ne rime pas avec *échauf*fer, ni cher avec *appro*cher. Racine a donc eu tort de dire :

Et lorsqu'avec transport je pense m'appro*cher*
De tout ce que les dieux m'ont laissé de plus *cher;*

et Châteaubrun :

Votre joie importune est un reproche a*mer*
Dont Hécube, après tout, n'oserait vous blâ*mer.*

Ces mots, *cher* et appro*cher*, a*mer* et blâ*mer*, sont ce qu'on appelle des *rimes normandes*, parce que les Normands prononcent générale- ment la finale de l'infinitif des verbes de la pre- mière conjugaison, *aimer, chanter, parler*, comme si l'on écrivait a*i*MÈRE, *chant*ÈRE, *par*- LÈRE. Ménage, dans ses observations sur Mal- herbe, dit que ce *poëte, sur la fin de ses jours, avait conçu une si grande aversion contre ces rimes normandes, qu'il avait des- sein de les ôter de toutes ses poésies.*

2° *Une voyelle longue ne rime pas avec une voyelle brève.* En général les voyelles longues, soit à la dernière syllabe de vers mas- culins, soit à la pénultième syllabe de vers féminins, riment mal avec les voyelles brèves, comme *mâle* avec *cab*ALE, *conqu*ÊTE avec *trom*- PETTE, une *m*ASSE avec il a*m*ASSE, *ab*ATTRE avec *thé*ÂTRE, *ordon*NE avec *trô*NE. Boileau n'aurait donc pas dû faire rimer *pré*FACE avec *gr*ÂCE dans ces vers de l'Art poétique :

> Un auteur à genoux, dans une humble préf*ace*,
> Au lecteur qu'il ennuie a beau demander grâ*ce*.

Les vers suivans ne sont pas moins répréhen- sibles :

> La neige autour de lui rapidement s'a*masse;*
> De moment en moment elle augmente sa *masse.*
>
> DELILLE.

> Ah! de ces jeux sanglans, qu'un roi guerrier or*donne,*
> Les maux sont pour le peuple et l'éclat pour le *trône.*
>
> THOMAS.

Exception. Cependant *vous* ÊTES, quoique

marqué d'un accent circonflexe, est, au gré du poète, long ou bref (1), et Restaut a tort de dire que la rime des vers suivans est vicieuse :

> Je me porte encor mieux que tous tant que vous *êtes ;*
> Je fais quatre repas et je lis sans lun*ettes.*

Ces vers sont également irréprochables sous le rapport de la rime :

> Point d'époux qui m'abaisse au rang de ses suj*ettes.*
> Enfin je veux un roi : regardez si vous l'*êtes.*
>
> Thomas Corneille.

Quant aux exemples où *êtes* rime avec une syllabe longue, ils sont encore plus nombreux. Nous ne citerons que le suivant :

> Toute pleine du feu de tant de saints proph*êtes,*
> Allez, osez au roi déclarer qui vous *êtes.*   Racine.

3° La rime est défectueuse entre deux mots dont l'un est terminé par deux *ll* mouillées, comme *émai*LLÉ, *évei*LLÉ, *dépoui*LLÉ, et l'autre, soit par une *l*, soit par deux *ll* sèches, comme *appe*LÉ, *conste*LLÉ ; car ces finales se prononcent différemment. Ainsi, dans ces vers :

> Et sur ce bord émai*llé*
> Où Neuilly borde la Seine,
> Reviens au vin d'Auvi*lé*
> Mêler les eaux d'Hippocrène,
>
> J.-B. Rousseau.

émaillé ne rime point avec *Auvilé*, parce que *l* mouillée et *l* simple ne sont point des sons identiques.

Par la même raison *péril* rime mal avec *puéril,* et *baril* avec *subtil.*

---

(1) D'Olivet. *Prosodie française.*

C'est bien pis encore quand la rime est féminine ; car *ville* et *famille*, par exemple, ne riment pas du tout.

Il en faut dire autant de *gn* mouillé, comme dans *rogné*, et de *gn* dur dans *Progné*. Ce dernier mot ne peut rimer qu'avec les mots où la finale *né* peut être séparée, comme *infortuné*, *condam-né*.

EXEMPLE.

> N'imitez pas la barbare Prog-*né*,
> Qui massacra son fils infortu-*né*.　　　　A.

§ 5. Rime d'un Mot avec lui-même et Rime des Homonymes.

I. *Un mot ne peut rimer avec lui-même, à moins qu'il ne soit pris dans un sens différent.*

Ainsi l'on aurait tort de dire :

> Les chefs et les soldats ne se connaissent *plus ;*
> L'un ne peut commander, l'autre n'obéit *plus ;*
> 　　　　　　　A.

mais on peut très-bien faire rimer un *page* avec une *page*, un *somme* avec une *somme*, un *livre* avec une *livre*, etc. Ainsi Boileau a pu dire sans blesser la règle :

> Prends-moi le bon parti, laisse là tous tes *livres :*
> Cent francs au denier cinq, combien font-ils ? — Vingt *livres ;*

et Racine :

> Tel-que vous me voyez, monsieur, ici *présent,*
> M'a d'un fort grand soufflet fait un petit *présent ;*

parce que, dans les deux premiers vers, le mot

livre a deux acceptions tout-à-fait distinctes, ainsi que le mot *présent* dans le second exemple.

Quelque riches pourtant que soient ces rimes, elles fatigueraient si elles étaient trop multipliées.

Exception. Il est aussi des cas, mais fort rares, où la répétition à la rime du même mot, pris dans le même sens, est permise et peut devenir une beauté. Ainsi, pour rendre l'effet de l'écho, M. Tissot, dans sa traduction de la sixième *Églogue* de Virgile, a répété le mot *Hylas* à la fin de ces vers :

> Les rochers, à grands cris, redemandent *Hylas ;*
> Et le rivage entier répète : Hylas ! *Hylas !*

On en voit encore un fort bel exemple dans ces vers imités du quatrième livre des *Géorgiques :*

> Sa voix disait encore : Eurydice ! *Eurydice !*
> Et tout le fleuve au loin répétait : *Eurydice !*
>
> Lebrun.

Mais, nous le répétons, cette répétition du même mot est une licence que l'on ne doit se permettre que très-rarement, et qui n'est excusable que lorsqu'elle produit un grand effet.

II. Les homonymes, ou mots qui se prononcent de même, ou à peu près de même, quoique leur orthographe et leur signification soient différentes, donnent de fort bonnes rimes : *Pin* rime bien avec *pain*, *cygne* avec *signe*, *mais* avec *mets* :

> D'accord, la poésie a ses licences ; *mais*
> Celle-ci passe un peu les bornes que j'y *mets.*
>
> Piron. Métromanie.

> Ou de trente feuillets réduits peut-être à *neuf*,
> Parer, demi-rongés, les rebords du Pont-*Neuf.*
>
> Boileau.

Observations. 1° Il faut se garder toutefois de faire rimer ensemble les homonymes, lorsqu'ils ne sont pas terminés par des lettres semblables ou équivalentes. Ainsi *saint* ne peut rimer ni avec *sein* ni avec *seing*, mais il rime bien avec *ceint;* *voix* ne rime pas avec *voie*, mais il rime avec tu *vois; lait* ne rime ni avec *laie* ni avec *legs*, mais rime bien avec *laid*, etc.

2° Ce que nous avons dit précédemment des syllabes longues qui ne peuvent rimer avec des syllabes brèves, s'applique également aux homonymes. Il ne faut donc pas faire rimer *jeûne* avec *jeune*, *paume* avec *pomme*, *pâte* avec *patte*, *tâche* avec *tache*, etc.

§ 6. Rime du Simple avec le Composé.

Les dérivés et les composés ne riment avec leur racine ou leur simple que dans un sens éloigné de la signification primitive.

On aurait donc tort de faire rimer *battre* avec *combattre*, *ordre* avec *désordre*, *bonheur* avec *malheur*. Mais la rime du simple avec son composé, et des composés entre eux, est irréprochable lorsque leurs significations sont assez distinctes pour faire oublier leur commune étymologie. Ainsi l'on peut associer à la rime *lustre* avec *illustre*, *front* et *affront*, *temps* et *printemps*, *jours* et *toujours*, *ami* et *ennemi*, quoiqu'il soit facile de reconnaître l'air de famille qui existe entre ces mots.

Je ne pense pas que l'on doive blâmer ces vers de Voltaire :

> Je connais trop les grands ; dans le malheur *amis*,
> Ingrats dans la fortune, et bientôt *ennemis*.

L'Académie, dans ses Sentimens sur *le Cid*, avait condamné la rime de *perdu* avec *éperdu* dans ces vers de Corneille :

> Mais il me faut te perdre après l'avoir *perdu*,
> Et pour mieux tourmenter mon esprit *éperdu* ;

Voltaire s'est élevé contre cette décision : « *Perdu* et *éperdu* (dit-il dans ses *Remarques* « *sur Corneille*), signifiant deux choses abso- « lument différentes, laissons aux poètes la li- « berté de faire rimer ces mots. Il n'y a pas « assez de rimes dans le genre noble, pour en « diminuer encore le nombre. »

Je n'en dirai pas autant de la rime d'*humains* avec *inhumains*, dans ces vers de M. de Saint-Ange :

> Quand Jupiter eut vu les crimes des *humains*,
> Songeant, ô Lycaon ! à tes mets *inhumains*.

Malgré les raisons spécieuses que donne l'auteur pour justifier cette licence, et l'exemple de Voltaire dont il l'appuie, elle n'en est pas moins répréhensible.

§ 7. DES FAUSSES RIMES, OU RIMES DES HÉMISTICHES.

Les consonnances des hémistiches entre eux sont ce qu'on appelle de *fausses rimes*, parce qu'elles trompent l'oreille par une illusion désagréable.

RÈGLE I. *Les deux hémistiches d'un même vers ne doivent point rimer ensemble, ni même avoir une ressemblance de son :*

Vous faîtes bien ; et *moi* je fais ce que je *dois*.
RACINE.

RÈGLE II. *Le premier hémistiche d'un vers ne doit point rimer avec le premier hémistiche du vers suivant :*

J'eus un frère, sei*gneur*, illustre et géné*reux*,
Digne par sa va*leur* du sort le plus h*eureux*.
CRÉBILLON.

RÈGLE III. *Les vers sont encore défectueux, lorsque le dernier hémistiche du premier vers rime avec le premier hémistiche du second :*

Et déjà vous croyez, dans vos rimes obsc*ures*,
Aux Saumaises fut*urs* préparer des tort*ures*.
BOILEAU.

Dans ce dernier exemple, où trois hémistiches riment ensemble, les mots obsc*ures*, fut*urs* et tort*ures* semblent séparer ces deux vers en trois qui riment mal :

Et déjà vous croyez, dans vos rimes obsc*ures*,
Aux Saumaises fut*urs*
Préparer des tort*ures*.

Exceptions. La rime des deux hémistiches d'un même vers n'a rien de choquant, lorsqu'elle se fait par répétition et pour donner plus d'énergie à la phrase poétique, comme dans ce vers :

Toujours haï des *cieux*, toujours digne des *cieux.*

Anthée. Chant royal.

Il en est de même de la rime des deux premiers hémistiches de deux vers qui se suivent ; elle peut devenir une beauté, comme dans ces vers :

Ce sang qui tant de *fois* garantit vos murailles,
Ce sang qui tant de *fois* vous gagna des batailles.

Corneille. Le Cid.

§ 8. De la Disposition des Rimes.

Parmi les règles les plus importantes de la versification française sont celles qui concernent la disposition des rimes masculines et féminines dans toute pièce de poésie.

Les rimes peuvent être disposées de différentes manières :

1° Lorsque deux rimes masculines sont suivies de deux rimes féminines, *et vice versâ*, on les appelle *rimes suivies* ou *rimes plates.*

EXEMPLE.

Mais déjà le navire, aux lueurs de l'Aurore,
Du sein brillant des mers voit une terre éclore ;
Terre dont l'Océan, avec un triste orgueil,
Semble encor murmurer le nom sur chaque écueil,
Et dont le souvenir, planant sur ses rivages,
Se répand sur les flots comme un parfum des âges.
C'est la Grèce ! A ce nom, à cet auguste aspect,
L'esprit anéanti de pitié, de respect, etc.

De Lamartine.

2° On appelle *rimes croisées* celles où un vers masculin est alternativement suivi d'un féminin, et un vers féminin d'un masculin :

> Ainsi tout change, ainsi tout passe ;
> Ainsi nous-mêmes nous passons,
> Hélas ! sans laisser plus de trace
> Que cette barque où nous glissons
> Sur cette mer où tout s'efface.
>
> De Lamartine.

ou encore lorsqu'on intercale deux vers masculins de même rime entre deux féminins, ou deux féminins entre deux masculins, pourvu que cet ordre soit régulier. Les vers suivans offrent un double exemple de ces deux manières de croiser les rimes :

> La Vierge alors reprend sa sombre rêverie,
> Du chêne d'Erminsul disperse les rameaux,
> Et, plus fière, s'éloigne en répétant ces mots,
> Ces mots sacrés : Honneur ! Patrie !
> Ce cri, cher aux Gaulois, n'a pas été perdu ;
> Les échos de la Seine en résonnent encore,
> Et la France, aux accens de cette voix sonore,
> Par des siècles de gloire a déjà répondu.
>
> Mme Delphine Gay.

3° On appelle vers à *rimes mêlées* ceux où les rimes sont mélangées au hasard, selon le goût ou le besoin du versificateur :

> Certain intendant de province,
> Qui menait avec lui l'équipage d'un prince,
> En passant sur un pont, parut fort en courroux :
> Pourquoi, demanda-t-il au maire de la ville,
> A ce pont étroit et fragile
> N'avoir pas mis de garde-fous ?
> Le maire, craignant son murmure :

Pardonnez, monseigneur, lui dit-il assez haut ;
  Notre ville n'était pas sûre
  Que vous y passeriez si tôt.

BEAULATON.

RÈGLE I. *De quelque manière que les rimes soient disposées, on ne doit pas mettre de suite plus de deux rimes masculines, ni plus de deux rimes féminines.*

Exception. Il n'est permis que très-rarement de s'écarter de cette règle ; et l'on ne peut guère prendre cette licence que dans les pièces écrites en style familier, ou dans celles qui sont destinées à être mises en musique. C'est pour cette raison que l'on en trouve des exemples dans les chœurs d'*Athalie* (1).

RÈGLE II. *On ne doit jamais mettre l'un à côté de l'autre deux vers masculins ou deux vers féminins de rimes différentes.*

Ainsi ces vers, quoique réguliers pour la mesure, sont répréhensibles sous le rapport de la disposition des rimes.

Mais d'un bonheur sans alarmes
On a droit de s'alar*mer ;*
Craignez, amans trop heu*reux* ,
Votre félicité même.

J.-B. ROUSSEAU.

Il n'y a d'exception à cette règle que dans les stances, comme nous le verrons bientôt.

____

(1) Voyez *Athalie*, acte 1, scène 4 ; acte 2, scène 9 ; et dans plusieurs odes de J.-B. Rousseau.

Règle III. *Il faut éviter les consonnances entre les rimes masculines et féminines qui se suivent.*

Ce défaut se fait sentir dans ces vers de la tragédie d'*Andromaque*, de Racine :

> Avant que tous les Grecs vous parlent par ma *voix*,
> Souffrez que j'ose ici me flatter de leur *choix* ;
> Et qu'à vos yeux, seigneur, je montre quelque *joie*
> De voir le fils d'Achille et le vainqueur de *Troie*.

Règle IV. *Pour que le retour fréquent des mêmes sons ne fatigue pas l'oreille par trop de monotonie, on doit mettre au moins six vers d'intervalle entre les rimes qui se ressemblent.*

Voltaire a doublement violé cette règle dans ces vers de *la Henriade*, où quatre vers féminins de même rime sont coupés par quatre vers masculins également de même rime :

> Soudain Potier se lève et demande audience ;
> Chacun à son aspect garde un profond silence.
> Dans ce temps malheureux par le crime infecté,
> Potier fut toujours juste et toujours respecté.
> Souvent on l'avait vu, par sa mâle éloquence,
> De leurs emportemens réprimer la licence,
> Et conservant sur eux sa vieille autorité,
> Leur montrer la justice avec impunité.

EXCEPTIONS.

Il n'y a d'exception à cette règle que dans les pièces légères où une période poétique roule d'un bout à l'autre sur deux rimes seulement : c'est ce qu'on appelle des *rimes redoublées*. Dans cette espèce de combinaison, les rimes simplement croisées fatigueraient à la longue ; mais, mêlées avec art, elles flattent agréablement l'oreille. Gresset excelle dans l'emploi des rimes redoublées. On peut en citer pour preuve ces vers d'une harmonie douce et touchante :

> Dans cette retraite chérie
> De la sagesse et du plaisir,
> Avec quel goût je vais cueillir
> La première épine fleurie,
> Et de Philomèle attendrie
> Recevoir le premier soupir !
> Avec les fleurs dont la prairie
> A chaque instant va s'embellir,
> Mon âme, trop long-temps flétrie,
> Va de nouveau s'épanouir,
> Et, sans pénible rêverie,
> Voltiger avec le zéphyr.

Quelques poètes se sont aussi amusés à composer une pièce entière sur une seule rime, masculine ou féminine, mais plus ordinairement masculine : c'est ce que l'on appelle un *monorime*. Pour être supportable, il faut qu'un semblable tour de force ne soit pas trop prolongé. Telle est la *description du château d'If*, par Lefranc de Pompignan, qui commence par ces vers :

> Nous fûmes donc au château d'If ;
> C'est un lieu peu récréatif,
> Défendu par le fer oisif
> De plus d'un soldat maladif,
> Qui, de guerrier jadis actif,
> Est devenu garde passif.

Puis viennent à la suite vingt autres vers en *if*

assez insignifians ; et lorsque le poète descend enfin de son Pégase *poussif,* on est tenté de s'écrier avec lui :

Dieu nous garde du château d'If (1) !

---

(1) « Le goût, dit M. Philippon de la Madeleine, ne voit dans « ces sortes d'ouvrages que le mérite de la difficulté vaincue ; et si « la pièce n'a que ce mérite, il ne la sauve pas de l'oubli. »

Nos pères se donnaient volontiers ces pénibles passe-temps, et se créaient des difficultés puériles pour avoir le plaisir de les vaincre. Ils avaient plusieurs espèces de rimes qui ne sont plus en usage, et que, pour cette raison, l'on désigne sous le nom de *vieilles rimes.*

La rime *annexée,* ou *enchaînée,* commençait un vers par le dernier mot ou la rime du vers précédent :

> Cour est un périlleux *passage ;*
> *Pas sage* n'est qui va en *cour ;*
> *Court* est son bien, etc.

Dans la rime *batelée,* la fin du vers rimait avec le repos du vers suivant :

> Quand Neptunus, puissant dieu de la *mer,*
> Cessa d'ar*mer* caraques et galées,
> Les Gallicans bien le dûrent ai*mer,*
> Et récla*mer* ses grands ondes salées.   CL. MAROT.

La rime *sénée* était une espèce d'acrostiche, dans lequel tous les mots d'un vers commençaient par la même lettre :

> Miroir Mondain, Madame Magnifique.
> Ardent Amour, Adorable Angélique.

La rime *couronnée* jouait l'écho, et finissait par deux mots qui rimaient ensemble :

> La blanche Colom*belle, belle,*
> Me jette un œil *friant, riant.*   CL. MAROT.

§ 9. LICENCES PERMISES POUR LA MESURE OU POUR LA RIME.

Les poètes écrivent indifféremment *encore* ou *encor,* selon que la mesure ou la rime le demandent :

> Encor qu'il soit sans crime, il n'est pas innocent.
>
> CORNEILLE.

L'*empérière* répétait trois fois la même rime à la fin d'un vers :

> En grand remords mort, mord,
> Ceux qui parfaits, faits, faits, etc.

Dans la rime *rétrograde*, en lisant le vers à rebours, on trouve encore la mesure et la rime, mais non pas la raison :

> Triomphamment cherchez honneur et paix :
> Désolés cœurs, méchans infortunés,
> Terriblement êtes moqués et faits.

Lisez ces vers en remontant, vous aurez :

> Paix et honneur cherchez triomphamment,
> Infortunés méchans, cœurs désolés ;
> Faits et moqués êtes terriblement.

La rime *brisée* consistait à construire les vers de façon que les repos rimassent entre eux, et qu'en brisant les vers à l'hémistiche, ils présentassent un sens différent de celui qu'ils renfermaient lorsqu'ils étaient lus entiers. En voici un exemple tiré du roman de *Zadig,* par Voltaire :

> Par les plus grands forfaits — j'ai vu troubler la terre :
> Sur le trône affermi, — le roi sait tout dompter.
> Dans la publique paix — l'amour seul fait la guerre ;
> C'est le seul ennemi — qui soit à redouter.

En brisant ces vers à l'hémistiche, on a pour la première moitié :

> Par les plus grands forfaits
> Sur le trône affermi,
> Dans la publique paix
> C'est le seul ennemi.

> Si vous voulez que j'aime encore,
> Rendez-moi l'âge des amours.
>
> VOLTAIRE.

Il leur est également permis d'écrire *jusques à* ou *jusqu'à* :

> Sion, *jusques* au ciel élevée autrefois,
> *Jusqu'*aux enfers maintenant abaissée.
>
> RACINE.

Naguère ou *naguères* :

> *Naguère* il fut esclave, et j'étais roi *naguères*.

Grâce à ou *grâces à* :

> *Grâce à* lui, vous vivez ; *grâces à* vous, je meurs.
>
> VOLTAIRE.

Remord ou *remords* :

> Et passe sans retour du plaisir au *remord*,
> Du *remords* aux douleurs ; des douleurs à la mort.
>
> DELILLE.

Quelquefois les fins de vers, réunies, offraient aussi un sens complet.

Enfin, dans la rime *équivoque*, les dernières syllabes de chaque vers sont reprises, avec une autre signification, au commencement ou à la fin du vers qui suit :

> En m'ébattant je fais rondeaux *en rime*,
> Et *en rimant*, bien souvent je *m'enrime*.
> Bref, c'est pitié entre nous *rimailleurs* ;
> Car vous trouvez assez de *rime ailleurs*,
> Et quand vous plaît mieux que moi *rimassez* ;
> Des biens avez et de la *rime assez*.
>
> CL. MAROT.

Depuis long-temps le goût et la raison ont fait justice de ces puérilités que les Latins auraient nommées *difficiles nugæ*, et dont on ne pourrait pas dire avec Virgile :

> In tenui labor, at tenuis non gloria.

Boileau, dans l'épître à son jardinier, écrit *chèvrefeuil* au lieu de *chèvrefeuille* :

> Antoine, gouverneur de mon jardin d'Auteuil,
> Qui diriges chez moi l'if et le chèvre*feuil*.

Delille a imité cette licence :

> Ou que le cep errant, le souple chèvre*feuil*,
> De leurs bras amoureux étreignent le tilleul.

Les poëtes retranchent aussi l'*s* final à la fin des noms propres à terminaison féminine, et disent *Athènes* ou *Athène*, *Londres* ou *Londre*, *Thèbes* ou *Thèbe*, *Gênes* ou *Gêne*, etc.

> Vous régnez, *Londre* est libre, et vos lois triomphantes.
> Voltaire.

> *Gêne* entière combat dans ce moment fatal.
> Colardeau.

> Et l'on insulte au dieu que *Thèbe* entière adore.
> De Saint-Ange.

Depuis Malherbe jusqu'à Voltaire, et même jusqu'à nos jours, les poëtes ont employé les mots *nous-mêmes*, *vous-mêmes*, *eux-mêmes*, *elles-mêmes*, avec ou sans *s*, comme cela convient à leurs vers :

> Les immortels *eux-même* en sont persécutés.
> Malherbe.

> Tranquille au haut des cieux, il nous laisse à *nous-même*.
> Voltaire.

> O vous ! sœurs d'Apollon, sur vos lyres sacrées,
> Répétez des chansons par *vous-même* inspirées.
> Luce de Lancival.

> *Elles-même* un instant se montrent à mes yeux,
> Le front couronné de verveine.
> Géraud.

Mais si les poëtes ont la faculté de retrancher l'*s* de *mêmes* au pluriel, il ne leur est pas permis de l'ajouter au singulier. Il ne faut donc pas dire avec Corneille, dans sa comédie du *Menteur*, acte 5, scène 6 :

Moi-*mêmes* à mon tour je ne sais où j'en suis.

Enfin la plus grande licence qui soit accordée aux poëtes, c'est de retrancher cette lettre *s* à la première personne du présent de l'indicatif, et de dire *je croi* au lieu de *je crois, je di* au lieu de *je dis, je vien* pour *je viens,* etc. :

Portez à votre père un cœur où j'entre*voi*
Moins de respect pour lui que de haine pour moi.
Racine. Iphigénie.

Un brouillon, une bête, un brusque, un étourdi;
Que dis-je? un... cent fois plus encor que je ne *di* (1).
Molière.

Plusieurs poëtes, entre autres Racine et Voltaire, ont usé de la même licence à l'égard de l'impératif de quelques verbes, comme *vien* au

---

(1) Il est peu de personnes, dit d'Olivet, qui ne pensent que c'est par licence poétique que les poëtes retranchent quelquefois cette *s* à la fin du vers. Cela est vrai dans l'usage actuel ; mais, dans l'origine, c'est tout le contraire. Du temps de Ronsard et de Marot, cette première personne était sans *s* : je *voi*, je *rend*, etc. On permit d'abord aux poëtes d'ajouter une *s*, pour éviter l'hiatus dans le cours du vers. Cet usage passa peu à peu à la prose ; et ce qui, dans le principe, n'était qu'une permission accordée aux poëtes, est devenu dans la suite une obligation et pour les poëtes et pour les prosateurs.

Cette observation de d'Olivet est un des plus forts argumens que l'on puisse opposer à ceux qui interdisent aux poëtes le retranchement de l'*s* à la première personne des verbes.

lieu de *viens*, *souvien* au lieu de *souviens*, *maintien* au lieu de *maintiens*, et autres semblables :

> Fais donner le signal, cours, ordonne, et *revien*
> Me délivrer bientôt d'un fâcheux entretien.
>
> RACINE. Phèdre, acte 2, scène 4.

> Vis, superbe ennemi, sois libre, et te *souvien*
> Quel fut et le devoir et la mort d'un chrétien.
>
> VOLTAIRE. Alzire, scène dernière.

Mais Malherbe et Molière ont poussé trop loin la licence, lorsqu'ils ont dit au passé défini *je vi* et *je couvri* pour *je vis* et *je couvris* :

> Un aussi grand désir de gloire
> Que j'avais lorsque je cou*vri*
> D'exploits d'éternelle mémoire
> Les plaines d'Arques et d'Ivry.
>
> MALHERBE.

> Hélas ! si vous saviez comme il était ravi,
> Comme il perdit son mal sitôt que je le *vi*.
>
> MOLIÈRE.

Observations.

Le meilleur conseil qu'on puisse donner aux jeunes versificateurs, c'est d'user fort sobrement de ces licences, dont on trouve d'ailleurs fort peu d'exemples dans les bons poètes de nos jours.

Dans tous les cas, on doit bien se garder de retrancher l'*s* à la seconde personne du singulier du présent de l'indicatif ou du subjonctif, et de dire : *tu aime, tu fini, tu voi, tu rend ; que tu aime, que tu finisse, que tu voie, que tu rende.* Ce vers a donc été justement critiqué, comme renfermant une faute d'orthographe :

Et du fond du néant où tu ren*tre* aujourd'hui.

Hénault.

Quant à ces locutions, *alors que* pour *lorsque, cependant que* pour *pendant que, vois-tu pas que* pour *ne vois-tu pas que*, et autres semblables, elles sont maintenant d'un usage fort rare.

CHAPITRE VIII.

De l'arrangement des Vers entre eux.

§ 1. Des Vers de la même mesure et des Vers libres.

Dans les différentes manières dont les vers peuvent être arrangés, il faut considérer la nature du sujet que le poète se propose de traiter.

Le poème épique ou didactique, la tragédie, la comédie, la satire, et l'épître morale et sérieuse, se traitent ordinairement en vers alexandrins à rimes suivies ; mais cette règle n'est pas tellement générale, qu'elle ne souffre un grand nombre d'exceptions. Ainsi Voltaire a cru devoir adopter la rime mêlée dans sa tragédie de *Tan-*

crède, et les vers de dix syllabes dans sa comédie de *Nanine* (1).

Les poèmes badins ou héroï-comiques, comme le *Ver-Vert* de Gresset, sont ordinairement écrits en vers de dix syllabes : ce vers est aussi très-convenable pour l'épître badine. Marot et J.-B. Rousseau l'ont employé avec beaucoup de succès dans ce genre d'ouvrage.

Dans l'ode, l'élégie, l'idylle, la chanson, et les autres petits poèmes, la mesure des vers est à-la disposition du poète, qui peut, à son gré, traiter son sujet soit en vers de la même mesure, soit en *vers libres*.

Les *vers libres* sont ceux où le poète ne s'assujettit à aucune régularité, soit pour la mesure des vers, soit pour la disposition des rimes : on y pousse quelquefois la licence jusqu'à mettre de suite trois vers de la même rime, masculine ou féminine. Les vers libres conviennent surtout aux contes, aux fables, et à toute espèce de *poésies fugitives*. En voici un exemple :

> De tous les points de l'horizon
> Les vents s'étaient rendus dans la même vallée;
> Ils y tenaient une assemblée
> Que présidait le fougueux Aquilon :
> Là, tous ces fiers enfans d'Éole,
> Tous ces tyrans des airs, à la bruyante voix,

---

(1) Ajoutez à cela que Molière, dans sa comédie d'*Amphitryon*, a employé avec succès les *vers libres*. Je pourrais citer une foule d'exemples de cette nature, qui prouveraient que le poète est absolument libre de choisir, pour traiter son sujet, le mètre qui lui convient le mieux.

Prenaient tour à tour la parole,
Et se racontaient leurs exploits.
Celui-ci se peignait au sein des mers profondes,
Promenant les éclairs , bouleversant les flots,
Et sourd aux cris des mate*lots*,
Engloutissant mille vais*seaux*
Dans le vaste abîme des ondes;
Celui-là se montrait dans l'arrière-saison,
Visitant tour à tour les cités consternées,
Et du haut de chaque maison
Faisant voler l'ardoise et la tuile à foison,
Et les débris de cheminées.

Jauffret. Fables.

Dans les pièces de vers où les rimes ne sont pas *suivies,* le mélange des rimes est quelquefois assujetti à une espèce de régularité : c'est ce qui arrive ordinairement dans les poésies lyriques qui se composent de *stances.*

§ 2. Des Stances.

Une *stance* (1) est une période poétique qui, dans le nombre et la mesure de ses vers, ainsi que dans la combinaison de ses rimes, suit un ordre déterminé, et qui, comme la période oratoire, forme un sens complet, quoique ce sens puisse dépendre de ce qui précède ou de ce qui suit.

Dans l'ode, la stance prend ordinairement le nom de *strophe ;* dans la chanson, elle prend celui de *couplet.*

Quoique dans les stances le nombre, la mesure

---

(1) Du mot italien *stanza* (demeure) , parce que la stance se repose sur elle-même.

des vers et la disposition des rimes soient absolument au choix du poète, il est cependant des
règles qu'il faut observer.

RÈGLES GÉNÉRALES.

I. *Le sens doit finir avec le dernier vers de
la stance, ou du moins être assez complet
pour motiver un repos; et, dans aucun cas,
une stance ne doit enjamber sur une autre
stance.*

II. *Le dernier vers d'une stance ne doit ni
rimer ni avoir aucune ressemblance de son
avec celui qui commence la stance suivante.*

III. *Les mêmes rimes ne doivent pas se
reproduire dans deux stances consécutives.*

IV. *Lorsqu'une stance finit par une rime
masculine, la stance qui lui succède doit
commencer par une rime féminine,* et vice
versâ.

EXCEPTION.

Quelques poètes célèbres se sont affranchis de
cette dernière règle; mais cette licence n'est
tolérée que dans les morceaux faits pour être
chantés. C'est pour cette raison qu'on lit dans
Racine, *Esther*, acte III, scène 3 :

> Rois, chassez la calomnie;
> Ses-criminels attentats
> Des plus paisibles états
> Troublent l'heureuse harmo*nie.*
>
> Sa fureur, de sang a*vide,*
> Poursuit partout l'innocent.
> Rois, prenez soin de l'absent
> Contre sa langue homi*cide.*

> De ce monstre si *farouche*
> Craignez la feinte douceur :
> La vengeance est dans son cœur,
> Et la pitié sur sa *bouche*.
>
> La fraude adroite et sub*tile*
> Sème de fleurs son chemin ;
> Mais sur ses pas vient enfin
> Le repentir inu*tile*.

Cette disposition de rimes, dont on ne trouve que ce seul exemple dans Racine, n'est point à imiter ; et Rousseau né se l'est permise qu'une seule fois dans la quatorzième de ses odes sacrées.

> Mon âme, louez le Seigneur, etc.

Observations. Des distiques accolés l'un à l'autre ne sauraient former une stance harmonieuse, et manquent de grâce dans la poésie lyrique, comme on le voit dans cet exemple de Malherbe :

> Il n'est rien ici-bas d'éternelle durée ;
> Une chose qui plaît n'est jamais assurée.
> L'épine suit la rose ; et ceux qui sont contens
> Né le sont pas long-temps.

L'oreille y veut au moins quelque entrelacement de rimes, et y permet tout au plus un distique isolé à la fin de la stance, comme dans l'octave italienne. Dans l'exemple suivant, Rousseau, pour donner au distique final une cadence majestueuse, l'a formé de deux vers héroïques :

> Seigneur, dans ta gloire adorable
> Quel mortel est digne d'entrer ?
> Qui pourra, grand Dieu ! pénétrer
> Ce sanctuaire impénétrable,
> Où tes saints inclinés, d'un œil respectueux,
> Contemplent de ton front l'éclat majestueux ?

§ 3. Des Stances considérées isolément, ou dans leurs rapports entre elles.

I. Considérée isolément, la stance est ou de nombre pair ou de nombre impair ; mais elle ne peut avoir ni moins de quatre ni plus de dix vers. Les stances de onze, de douze, de treize, et d'un plus grand nombre de vers, ne sont guère employées que dans les poèmes dithyrambiques.

La stance de nombre pair a quatre, six, huit ou dix vers.

La stance de nombre impair a cinq, sept ou neuf vers.

La stance est, ou composée d'un bout à l'autre de vers de la même mesure, comme celle-ci :

> Ton coursier t'appelle : il s'agite ;
> Impatient d'un long repos,
> Son pied bat la terre, il s'irrite :
> Le feu jaillit de ses naseaux.
> De colère son œil s'allume ;
> Écoute hennir sa fureur !
> Le frein d'or qu'il blanchit d'écume
> Pèse à sa belliqueuse ardeur.
>
> J.-N.-M. De Guerle.

ou bien elle se compose de vers de différentes mesures :

> L'air était pur ; un dernier jour d'automne,
> En nous quittant, arrachait la couronne
> Au front des bois ;
> Et je voyais d'une marche suivie
> Fuir le soleil, la saison et ma vie
> Tout à la fois.
>
> Mme A. Tastu.

On appelle *stance carrée* la stance de huit vers de huit syllabes dont nos poètes lyriques ont fait un si fréquent usage. En voici un charmant exemple :

> Oui, vous naissez au sein des roses,
> Fils de l'Aurore et des Zéphirs ;
> Vos brillantes métamorphoses
> Sont le secret de nos plaisirs:
> D'un souffle vous séchez nos larmes ;
> Vous épurez l'azur des cieux ;
> J'en crois ma Sylphide et ses charmes:
> Sylphes légers, soyez mes dieux.
>
> De Béranger.

II. Considérées dans leurs rapports entre elles, les stances sont *régulières, mixtes* ou *irrégulières* :

Elles sont régulières quand toutes celles qui composent une seule et même pièce ont la même forme, soit pour la mesure et le nombre des vers, soit pour la combinaison des rimes :

> Fleur mouvante et solitaire,
> Qui fus l'honneur du vallon,
> Tes débris jonchent la terre,
> Dispersés par l'aquilon.
>
> La même faux nous moissonne ;
> Nous cédons au même Dieu :
> Une feuille t'abandonne,
> Un plaisir nous dit adieu.
>
> Chaque jour le temps nous vole
> Un goût, une passion ;
> Et chaque instant qui s'envole
> Emporte une illusion.
>
> L'homme, perdant sa chimère,
> Se demande avec douleur

Quelle est la plus éphémère
De la vie ou de la fleu..

MILLEVOYE.

On appelle stances mixtes une suite de stances variées de façon que la première soit semblable pour la forme à la troisième, et la seconde à la quatrième :

1

La foule au seuil du temple en pleurant est venue ;
Mères, enfans, vieillards gémissent réunis,
Et l'airain qu'on balance ébranle dans la nue
    Les hauts clochers de Saint-Denis.
Le sépulcre est troublé dans ses mornes ténèbres ;
    La mort de ses cercueils funèbres
    Resserre les rangs incomplets.
Silence au noir séjour que le trépas protége :
Le roi chrétien, suivi de son dernier cortége,
    Entre dans son dernier palais.

2

Un autre avait dit : « De ma race
Ce grand tombeau sera le port ;
Je veux aux rois que je remplace
Succéder jusque dans la mort.
Ma dépouille ici doit descendre :
C'est pour faire place à ma cendre
Qu'on dépeupla ces noirs caveaux.
Il faut un nouveau maître au monde :
A ce sépulcre que je fonde
Il faut des ossemens nouveaux.

3

« Je promets ma poussière à ces voûtes funestes ;
A cet insigne honneur ce temple a seul des droits ;
Car je veux que le ver qui rongera mes restes
    Ait déjà dévoré des rois.
Et lorsque mes neveux, dans leur fortune altière,
    Domineront l'Europe entière

Du Kremlin à l'Escurial,
Ils viendront tour à tour dormir dans ces lieux sombres,
Afin que je sommeille, escorté de leurs ombres,
Dans mon linceul impérial. »

4

Celui qui disait ces paroles
Croyait, soldat audacieux,
Voir en magnifiques symboles
Sa destinée écrite aux cieux.
Dans ses étreintes foudroyantes,
Son aigle aux serres flamboyantes
Eût étouffé l'aigle romain :
La victoire était sa compagne,
Et le globe de Charlemagne
Était trop léger pour sa main.

Victor Hugo.

Quelquefois aussi dans les stances mixtes les deux premières stances ont la même mesure ; viennent ensuite deux autres stances d'une mesure différente, mais semblables entre elles ; puis deux autres stances semblables aux deux premières, et ainsi de suite. On en voit un exemple remarquable dans l'ode de M. Victor Hugo, intitulée *la Lyre et la Harpe*.

Les stances sont irrégulières lorsque, dans leur ensemble, elles diffèrent les unes des autres par le nombre et la mesure de leurs vers, ainsi que par la disposition de leurs rimes :

Déplorable Sion, qu'as-tu fait de ta gloire ?
Tout l'univers admirait ta splendeur ;
Tu n'es plus que poussière, et de cette grandeur
Il ne te reste plus que la triste mémoire.
Sion, jusques au ciel élevée autrefois,
Jusqu'aux enfers maintenant abaissée,
Puissé-je demeurer sans voix,

Si dans mes chants ta douleur retracée
Jusqu'au dernier soupir n'occupe ma pensée !

O rives du Jourdain ! ô champs aimés des cieux ![1]
    Sacrés monts ! fertiles vallées,
    Par cent miracles signalées !
    Du doux pays de nos aïeux
    Serons-nous toujours exilées ?

Quand verrai-je, ô Sion ! relever tes remparts,
    Et de tes tours les magnifiques faîtes ?
    Quand verrai-je de toutes parts
Les peuples, en chantant, accourir à tes fêtes ?

          RACINE. *Esther*, acte I, scène 3.

Observations.

Les vers alexandrins, surtout dans les stances de six vers, ont une harmonie noble et soutenue : ils conviennent particulièrement aux sujets élevés. Rousseau les a employés avec succès :

Vous avez vu tomber les plus superbes têtes ;
Et vous pourriez encore, insensés que vous êtes,
Ignorer le tribut que l'on doit à la mort !
Non, non, tout doit franchir ce terrible passage ;
Le riche et l'indigent, l'imprudent et le sage,
Sujets à même loi, subissent même sort.

Cinq vers alexandrins, suivis d'un vers de huit syllabes, sont encore d'un plus bel effet :

Depuis les deux grands noms qu'un siècle au siècle annonce,
Jamais nom qu'ici-bas toute langue prononce
Sur l'aile de la foudre aussi loin ne vola.
Jamais d'aucun mortel le pied qu'un souffle efface
N'imprima sur la terre une plus forte trace ;
    Et ce pied s'est arrêté là !

          DE LAMARTINE.

Les vers de dix syllabes conviennent mieux en général aux sujets badins et légers ; mais, unis aux vers de huit syllabes, ils ne manquent ni de force ni de noblesse :

De tes grandeurs tu sus te faire absoudre,
France, et ton nom triomphe des revers :
Tu peux tomber ; mais c'est comme la foudre
Qui se relève et gronde au haut des airs.
Le Rhin aux bords ravis à ta puissance
Porte à regret le tribut de ses eaux ;
Il crie au fond de ses roseaux :
Honneur aux enfans de la France !

De Béranger.

Dix vers de huit syllabes sont la forme la plus harmonieuse de la stance française, celle qui donne le plus de nombre et de majesté à la période poétique. Malherbe en a offert des exemples qui n'ont point été surpassés depuis :

C'est en la paix que toutes choses
Succèdent selon nos désirs :
Comme au printemps naissent les roses,
En la paix naissent les plaisirs.
Elle met les pompes aux villes,
Donne aux champs les moissons fertiles ;
Et de la majesté des lois
Appuyant les pouvoirs suprêmes,
Fait demeurer les diadèmes
Fermes sur la tête des rois.

C'est encore Malherbe qui donna le modèle de la stance de dix vers de sept syllabes, et qui nous apprit quel noble caractère le nombre pouvait lui imprimer :

Tel qu'aux vagues éperdues
Marche un fleuve impérieux,
De qui les neiges fondues
Rendent le cours furieux.

Rien n'est sûr en son rivage;
Ce qu'il trouve il le ravage,
Et, traînant comme buissons,
Les chênes et leurs racines,
Ote aux campagnes voisines
L'espérance des moissons.

Il est inutile de détailler ici toutes les formes dont les stances sont susceptibles; on s'en instruira mieux en lisant nos grands poètes lyriques, surtout Malherbe et J.-B. Rousseau. De nos jours, MM. de Lamartine et Victor Hugo ont prouvé qu'il était possible de trouver encore de nouvelles combinaisons de mesures et de rimes, et que les meilleurs guides à cet egard étaient la délicatesse de l'oreille et le sentiment de l'harmonie poétique.

CHAPITRE IX.

De l'Harmonie poétique.

L'harmonie, un des plus puissans attraits de la poésie, consiste en deux choses : 1° dans l'arrangement des mots de la phrase poétique, c'est ce qu'on appelle *harmonie mécanique;* 2° dans le rapport des sons avec les objets qu'ils expriment, c'est ce qu'on appelle *harmonie imitative* (1).

L'harmonie *mécanique* est ainsi nommée, parce qu'elle ne s'occupe que de l'arrangement

____

(1) Louis RACINE. *Réflexions sur la Poésie.*

des mots pris matériellement ; elle est produite par l'heureuse combinaison des rimes, par l'art de rompre la mesure à propos pour éviter la monotonie, par le secret d'imprimer aux vers le rhythme poétique.

§ 1. Des Coupes et des Enjambemens.

I. J'ai dit précédemment (chapitre 5, § 2) que le vers peut avoir plusieurs repos, indépendamment de celui de l'hémistiche, qui est d'obligation. Ces repos, qu'on appelle *césures* ou *coupes*, empêchent que les vers ne tombent un à un ou ne marchent symétriquement deux à deux : sans cette ressource, les vers fatigueraient l'oreille par leur uniformité.

Ces coupes savantes, qui brisent le vers pour le rendre plus pittoresque, donnent beaucoup de variété à la versification.

Racine offre en ce genre de nombreux modèles. Quelle variété de rhythme dans le récit de la mort d'Hippolyte, si justement critiqué comme un hors-d'œuvre, sous le rapport dramatique, mais si admirable sous le rapport de la poésie ! Nous pourrions citer le morceau tout entier ; nous nous bornerons à quelques vers, dont nous indiquerons les coupes :

> Tout fuit, — et, sans s'armer d'un courage inutile, —
> Dans le temple voisin chacun cherche un asile.
> Hippolyte lui seul, — digne fils d'un héros, —
> Arrête ses coursiers, saisit ses javelots,
> Pousse au monstre ; — et d'un dard lancé d'une main sûre,
> Il lui fait dans le flanc une large blessure, —

> De rage et de douleur le monstre bondissant ,
> Vient aux pieds des chevaux tomber en mugissant, —
> Se roule, — et leur présente une gueule enflammée
> Qui les couvre de feu, de sang et de fumée.
> La frayeur les emporte ; — et, sourds à cette fois ,
> Ils ne connaissent plus ni le frein ni la voix.
> . . . .
> . . . .
> A travers les rochers la peur les précipite. —
> L'essieu crie et se rompt. — L'intrépide Hippolyte
> Voit voler en éclats tout son char fracassé ; —
> Dans les rênes lui-même il tombe embarrassé.
> . . . .
> Il veut les rappeler, — et sa voix les effraie ; —
> Ils courent. — Tout son corps n'est bientôt qu'une plaie, etc.

Dans ce morceau, chef-d'œuvre d'harmonie poétique, il faut admirer cet heureux mélange de sons opposés, toujours à l'unisson des images ; ces mouvemens si variés ; ces chutes ou molles ou précipitées ; ces phrases tantôt brisées, tantôt arrondies : c'est là que l'oreille, même la plus novice, sent, malgré les entraves du mètre, l'aisance de la prose la plus facile, jointe aux effets magiques de la plus brillante poésie. Mais l'emploi de ces coupes exige beaucoup d'art et de goût : trop multipliées, elles rendraient le style trop haché, trop sautillant, et détruiraient toute espèce d'harmonie.

II. On ne peut pas parler des coupes sans parler des *enjambemens ;* ces deux effets d'harmonie se touchent, et sont presque toujours liés ensemble. Il est néanmoins très-facile de les distinguer (1).

---

(1) CABARET DUPATY. *Prosodie latine.*

L'*enjambement* est le rejet au vers suivant d'un ou de plusieurs mots, en sorte que le sens, suspendu à la fin d'un vers, se termine ou se complète au commencement ou dans le cours du vers suivant.

Voici des vers qui font voir en quoi une coupe diffère d'un enjambement :

Elle parle ; — un roi tremble, — et l'oracle homicide
Se tait... Un calme heureux succède à tant d'horreur.

Racine. Iphigénie.

Elle parle, un roi tremble, un calme heureux succède, sont des coupes ; *se tait* est un enjambement, parce que ces deux mots sont nécessaires pour compléter le sens de ceux qui terminent le vers précédent : *l'oracle homicide.* On peut appliquer la même remarque à ces vers de La Fontaine :

Une belette, — un beau matin, —
Du palais d'un jeune lapin
S'empara. C'est une rusée.

Observations.

1° Si, de ce que je viens de dire, on concluait que l'*enjambement* est toujours permis aux poëtes, on tomberait dans une erreur grossière ; car l'enjambement étant une licence, on doit bien se garder d'en abuser. Il faut au contraire être très-réservé sur l'emploi de l'enjambement, surtout dans les grands vers, où il produit rarement un bon effet.

« Notre hexamètre, dit La Harpe, naturelle-

« ment majestueux, doit se reposer sur lui-
« même, et perd toute sa noblesse si on le fait
« marcher par sauts et par bonds. Si la fin d'un
« vers se rejoint souvent au commencement de
« l'autre, l'effet de la rime disparaît ; et l'on
« sait qu'elle est nécessaire à notre rhythme poé-
« tique. »

Qui pourrait, par exemple, approuver ces deux vers faits exprès pour montrer combien est désagréable à l'oreille l'enjambement employé sans discernement ?

> A l'aspect de son roi, le vaillant capitaine
> *Bayard*, quoique blessé, combattait dans la plaine.

Il n'est pas d'oreille un peu exercée qui ne soit choquée par le rejet de ce mot *Bayard* du premier vers au second. Il ne faudrait cependant faire à ces vers qu'un très-léger changement pour les rendre supportables :

> A l'aspect de son roi, ce vaillant capitaine,
> Bayard, quoique blessé, combattait dans la plaine.

La raison en est qu'au moyen de la substitution du mot *ce* au mot *le*, on peut s'arrêter à la fin du premier vers ; ce qu'on ne saurait faire dans le premier cas.

Delille a trop souvent abusé de l'enjambement, et semble n'avoir tenu aucun compte de ce précepte de Boileau :

> Et le vers sur le vers n'osa plus enjamber.

Voyez plutôt ces vers extraits du premier livre de la traduction de l'*Énéide* :

> Celui que vous cherchez, dont la faveur des dieux
> *A conservé les jours, le voici.* Que de grâces
> *Ne vous devons-nous pas,* ô vous que nos disgrâces
> *Ont seule intéressée !* En proie à tant de maux, etc.

Voici trois enjambemens en quatre vers ; c'est beaucoup trop, d'autant plus qu'il n'en résulte aucun effet d'harmonie qui puisse les excuser ou les justifier.

2° Mais l'enjambement, loin d'être un défaut, devient une beauté quand il fait image, quand il peint à l'esprit l'objet qu'il se propose de représenter. Qui oserait, par exemple, blâmer ce vers où Malfilâtre rend si bien, d'après Virgile, un des signes désastreux qui suivirent la mort de César (1) ?

> On entendait au loin retentir une voix
> *Lamentable.*

Ce rejet du mot *lamentable* est on ne peut plus heureux ; il est impossible de mieux traduire le poète latin :

> Vox quoque per lucos vulgo exaudita silentes
> *Ingens.*

Lamentable me semble même plus imitatif qu'*ingens.* Je retrouve encore un bel exemple d'enjambement dans ces vers de Delille :

> Soudain le mont liquide, élevé dans les airs,
> *Retombe.* Un noir limon bouillonne au fond des mers.

La tragédie admet aussi les enjambemens quand ils sont amenés par le désordre de la passion, ou

---

(1) Philippon de la Madeleine.

par le besoin de fixer l'attention sur une idée principale, comme dans ces vers que Racine met dans la bouche d'Aman, dans sa tragédie d'*Esther* :

> Que les peuples entiers dans le sang soient noyés ;
> Je veux qu'on dise un jour aux peuples effrayés :
> *Il fut des Juifs !*

La comédie est encore plus tolérante à l'égard de l'enjambement ; son style familier s'en accommode ; il contribue même, en faisant oublier la rime, à donner aux vers le ton de la conversation ordinaire. N'ajoute-t-il pas, par exemple, au comique de ces vers des *Plaideurs ?*

> Mais j'aperçois venir madame la comtesse
> *De Pimbesche.* Elle vient pour affaire qui presse.
>
> RACINE.

L'enjambement, placé avec adresse, est surtout agréable dans les vers de dix syllabes. Voyez quel heureux effet il produit dans ces vers de Marot :

> On dit bien vrai ; la mauvaise fortune
> Ne vient jamais qu'elle n'en amène une,
> *Ou deux ou trois avec elle.*
>
> Finalement de ma chambre il s'en va
> *Droit à l'étable.*
>
> Voilà comment, depuis neuf mois en çà,
> *Je suis traité.*
>
> Je ne dis pas, si voulez rien prêter,
> *Que ne le prenne ;*

et dans ceux-ci de Voltaire :

> Vous connaissez l'impétueuse ardeur
> *De nos Français ?* Ces fous sont pleins d'honneur.

Mais on ne saurait trop redire à ceux qui sont toujours prêts à abuser de tout, que l'excès des meilleures choses est un mal, et que l'emploi fréquent des mêmes beautés devient affectation et monotonie.

Je ne parlerai point des enjambemens relatifs aux vers de huit, de sept, de six, de cinq syllabes et au-dessous, parce que ces vers étant plus courts, et le sens pouvant plus aisément se parfaire avec la rime, l'enjambement y serait sans motif.

§ 2. De l'Harmonie imitative.

Bien que nos vers se mesurent par le nombre des syllabes qu'ils renferment, et non par leur valeur prosodique, il faut bien se garder d'en conclure qu'ils soient dénués de cette espèce d'harmonie qui résulte du mélange des syllabes longues et brèves. A cet égard, nos poètes se trouvent précisément dans le cas où étaient les orateurs grecs et latins qui n'avaient point de règles fixes pour la distribution des longues et des brèves dans leur prose, mais qui ne laissaient pas de les distribuer avec art. Nos poètes ont la même facilité, d'où résulte le même avantage, celui de peindre les objets à l'esprit par les sons des mots.

Écoutons Delille dictant les règles de l'harmonie imitative dans ces vers qui joignent l'exemple au précepte :

Quels qu'ils soient, aux objets conformez votre ton ;
Ainsi que par les mots, exprimez par le son.
Peignez en vers légers l'amant léger de Flore.
Qu'un doux ruisseau murmure en vers plus doux encore.
Entend-on d'un torrent les ondes bouillonner?
Le vers tumultueux en grondant doit tonner.
Que d'un pas lent et lourd le bœuf fende la plaine,
Chaque syllabe pèse et chaque mot se traîne.
Mais si le daim léger bondit, vole et fend l'air,
Le vers vole et le suit aussi prompt que l'éclair.
Ainsi de votre chant la marche cadencée
Imite l'action et note la pensée.

L'Homme des Champs, chant 4.

Il y a deux manières de rendre l'harmonie imitative :

1° En employant des mots qui, à eux seuls, imitent le son de l'objet qu'ils expriment, comme *tonnerre*, *torrent*, *cliquetis*, *sifflement*, *mugissement*, *glouglou*, etc. ; c'est ce que l'on appelle des *onomatopées*.

« L'*onomatopée*, dit M. Charles Nodier, est
« d'un grand secours aux poètes, puisqu'elle est
« comme l'âme de l'harmonie pittoresque et de
« la poésie imitative (1). »

2° Indépendamment des onomatopées nombreuses que renferme notre langue, le poète a un autre moyen d'harmonie imitative dans l'emploi de certains mots qui, sans être imitatifs par eux-mêmes, produisent par leur rapprochement une imitation parfaite.

Dans la peinture du héron, par La Fontaine,

---

(1) Charles Nodier. *Onomatopée française*, préface, page 31.

quel rapport admirable entre les idées et les sons !

> Un jour, sur ses longs pieds, allait je ne sais où,
> Le héron au long bec emmanché d'un long cou.

Boileau veut-il peindre la vitesse de la parole, son vers vole sur des brèves :

> Le moment où je parle est déjà loin de moi.

Veut-il peindre un effet contraire, par exemple la lenteur de la marche du bœuf, les longues semblent doubler la mesure des vers suivans :

> Quatre bœufs attelés, d'un pas tranquille et lent,
> Promenaient dans Paris le monarque indolent.

On voit par ces exemples que si notre versification n'est pas assujettie, comme celle des Grecs et des Latins, à une disposition régulière et symétrique des longues et des brèves, elle possède comme la leur l'avantage le plus réel de la prosodie, celui de pouvoir à volonté donner au discours de la vivacité ou de la lenteur. Nous le pouvons aussi bien qu'eux, nous le pouvons même plus aisément, puisque nous ne sommes pas obligés, comme eux, de former et d'assembler des pieds, mais qu'il nous suffit de mettre ensemble, ou un peu plus de longues, ou un peu plus de brèves, suivant le besoin.

A l'appui de cette assertion, prenons au hasard les quatre vers par où finit le second chant du *Lutrin* :

> Du moins ne permets pas..... La Mollesse oppressée
> Dans sa bouche, à ce mot, sent sa langue glacée ;

> Et, lasse de parler, succombant sous l'effort,
> Soupire, étend les bras, ferme l'œil, et s'endort.

Quel est ici l'objet du poète ? d'achever le portrait de la Mollesse. Et comment la peindrait-il mieux qu'en la supposant hors d'état de finir la phrase ? Des cinq derniers mots qu'elle articule, il y en a quatre monosyllabes, *du moins ne permets pas;* et si peu de chose suffit pour épuiser ce qui lui reste de force. *Oppressée* est un mot qui fait image ; et *langue glacée* peint admirablement, par la rencontre pénible de ces sons *gue gla,* l'embarras qu'éprouve à parler la Mollesse. Je remarquerai encore l'art avec lequel le poète a coupé l'avant-dernier vers en deux membres, dont le premier ne donne point droit d'attendre le second, et qui ne sont nullement liés l'un avec l'autre :

> Et, lasse de parler, — succombant sous l'effort.

Qu'on fasse là une phrase continue, et tout l'effet est manqué.

Quant au dernier vers, commençons par en marquer la quantité :

> Soŭpīre, ĕtĕnd lēs brās, fĕrmĕ l'oëil ĕt s'ēndōrt.

Assurément, si des syllabes peuvent tracer l'image d'un soupir, c'est une longue, précédée d'une brève, et suivie d'une muette, *soŭpīre.* Dans l'action d'étendre les bras, le premier mouvement est assez prompt : il est figuré par deux brèves, *ĕtĕnd;* puis les deux

longues qui suivent, *lēs brās*, indiquent en quelque
sorte le développement lent et progressif des bras qui
s'allongent. La Mollesse parvient enfin où elle voulait,
c'est-à-dire au sommeil. Avec quelle vitesse elle y
arrive ! ce sont trois brèves, *fĕrmĕ l'oĕil ;* et de là,
par un monosyllabe bref, *ĕt,* elle tombe dans un
profond assoupissement rendu par deux longues,
s'ēndōrt (1).

Je ne prétends point qu'en composant ces
vers, Boileau ait pensé à tout cela. Je n'en
soupçonne pas plus Homère ni Virgile, quoique
leurs interprètes soient en possession de le dire.
Mais ce que je crois volontiers, c'est que la nature, quand elle a formé un grand poète, le
dirige par des ressorts cachés qui le rendent
docile à un art dont lui-même il ne se doute
pas ; comme elle apprend au gondolier vénitien
à moduler ses délicieuses barcaroles qui n'ont
jamais été notées par aucun musicien.

REMARQUE.

Toutefois ne cherchons pas trop cette harmonie imitative ; d'abord parce que souvent on
affaiblit la pensée en visant trop à l'effet des
mots ; ensuite parce qu'à force de vouloir peindre, on ne peint rien. J'en citerai pour preuve
le poème que feu M. de Piis a composé sur
l'harmonie imitative, et qui est sans contredit

---

(1) D'OLIVET. *Prosodie française.*

un des ouvrages les plus baroques et les plus
ridicules dont jamais auteur se soit avisé (1).

§ 3. Des Défauts contraires a l'Harmonie.

Parmi les défauts contraires à l'harmonie, il
faut d'abord citer l'hiatus, dont j'ai déjà parlé ;
c'est une faute facile à éviter ; mais il en est
d'autres qui, bien que moins sensibles, ne
laissent pas de blesser l'oreille.

Telle est la *cacophonie* qui résulte de la multiplicité des consonnes rudes C, K, Q, R, T.

> . *Arbre à grisâtre écorce.*
> Du ve*rt* le plus *riant cette tête est ornée.*
>
> > Dulard.

> Toi qui, malgré la mo*rt* c*r*uelle,
> *R*espi*r*es enco*r* dans mon cœu*r*,
> Illust*r*e A*r*iste, omb*r*e immo*r*telle, etc.
>
> > Gresset.

> Crois-tu de ce fo*r*fait *Mancocapac capable ?*
>
> > Leblanc.

> Cro*y*ez-moi, *quelque éclat qui* les puisse toucher.
>
> > Racine. *Alexandre.*

---

(1) L'auteur de ce poème passe successivement en revue toutes
les lettres de l'alphabet, et exprime à sa manière les propriétés
imitatives de chacune d'elles. Voici ce qu'il dit du K :

> Le K partant jadis pour les Kalendes grecques,
> Laissa le Q, le C, pour servir d'hypothèques ;
> Et revenant chez nous, de vieillesse cassé,
> Seulement à Kimper il se vit caressé.

On peut juger du reste par cet échantillon ; tout est à peu près de
la même force.

L'emploi trop fréquent de la même lettre, fût-elle douce par elle-même, produit aussi la cacophonie.

Lente, elle coule ici ; là, légère, elle vole.
PIIS.

Non, il n'est rien que Nanine n'honore.
VOLTAIRE.

J'ai déjà signalé l'effet désagréable de ces mots ambitieux qui forment à eux seuls un demi-vers et plus : *insensibilité, imperturbablement, indivisibilité.*

Le défaut contraire est une profusion de monosyllabes. Ce vers de Racine est fort beau :

Le ciel n'est pas plus pur que le fond de mon cœur.

Cependant une longue tirade de vers pareils serait insoutenable. Un monosyllabe placé à la fin d'un vers, après un mot de trois ou quatre syllabes, produit encore un mauvais effet :

Rien ne peut arrêter son impétueux cours.
A.

Boileau a fait la même faute dans ce vers :

Non, pour louer un roi que tout l'univers loue.

On doit éviter le rapprochement, dans un même vers, des mots qui ont une consonnance à peu près semblable :

Ils ont mis le destin des Troyens dans mes mains.
A.

Mais il apprit enfin, grâce à sa vanité.
BOILEAU.

On voit combien, dans ce dernier vers, *grâce à sa va* sonne mal.

On lit à ce sujet l'anecdote suivante dans les *Observations* de Ménage sur les poésies de Malherbe, au sujet de ce vers :

Enfin cette beauté *m'a la place* rendue.

« Des Yvetaux, dit Ménage, se moquait de « ce vers, à cause de ces consonnances *m'a la* « *pla;* ce qui ayant été rapporté à Malherbe, « celui-ci répondit plaisamment que c'était bien « à Des Yvetaux à trouver ce *m'a la pla* mau- « vais, lui qui avait écrit *parabla ma fla.* » En effet, Des Yvetaux avait fait un vers ainsi conçu :

Non, il n'est point de feu com*parable à ma fla*mme.

Malherbe avait raison, mais Des Yvetaux n'avait pas tort.

§ 4. Des Voyelles nasales.

Quelques grammairiens, entre autres l'abbé de Dangeau, ont voulu proscrire de notre versification la rencontre des voyelles nasales, *an, en, in, on, un,* etc., avec les voyelles simples, *a, e, i, o, u.* Selon eux, dans ces vers :

Ah! j'attendrai long-temps, la nuit est loi*n encore*!
A mes cris redoublés fermant son *sein impie,*

il y aurait un hiatus, produit, dans le premier vers, par le choc de la voyelle nasale *in* de *loin* avec l'*e* qui commence le mot *encore;* dans le second vers, par le concours de la même voyelle *in* de *sein* avec l'*i* initial d'*impie*. Cela serait vrai, si l'on prononçait les mots *loin encore* et *sein impie*, comme si les mots *encore* et *impie* étaient écrits *himpie* et *hencore* par une *h* aspirée. Mais l'usage contraire a prévalu ; et, pour éviter ce choc désagréable, on prononce, en liant l'*n* finale avec la voyelle initiale, *loinencore*, *seinimpie*, comme s'ils ne formaient qu'un seul mot.

Il n'en est pas de même lorsque l'esprit et l'oreille permettent de s'arrêter un peu après la voyelle nasale ; car, dès qu'il y a repos, il ne peut plus y avoir de bâillement, d'hiatus. Dans ce vers, par exemple :

> Celui qui met un *frein* à la fureur des flots,
>
> RACINE.

le sens permet un léger repos après le mot *frein*. Il ne faut donc point faire de liaison entre *frein* et *à*, et dire *freina ;* mais prononcer comme s'il y avait :

> Celui qui met un *frein* — à la fureur des flots.

Il en est de même de ce vers :

> Dispersa tout son *camp* à l'aspect de Jéhu,
>
> RACINE.

où ce serait évidemment une mauvaise prononciation que de dire *campa*, parce que le mot *camp*, se trouvant placé à l'hémistiche, doit être suivi d'une légère pause qui exige que l'on prononce :

> Dispersa tout son *camp* — à l'aspect de Jéhu.

Mais si le sens ne permet pas de s'arrêter après le mot *camp,* comme dans ce vers :

Tout le *camp applaudit* par mille cris joyeux,

il faut nécessairement prononcer *campapplaudit ;* ce qui est horriblement dur. Il est donc mieux de s'abstenir de placer devant une voyelle ordinaire un mot terminé par une voyelle nasale, lorsque cette voyelle nasale ne peut ni s'isoler par une pause de la voyelle suivante, ni s'y lier sans produire un son désagréable.

Voici d'ailleurs une remarque de l'abbé d'Olivet, qui me paraît de nature à guérir les censeurs les plus pointilleux de cette délicatesse excessive qui leur fait voir des hiatus où Malherbe, où Racine, où Despréaux n'en ont jamais vu.

« Je reconnais, dit cet illustre académicien,
« les *voyelles nasales* pour des sons vraiment
« simples et indivisibles ; mais de là s'ensuit-
« il que ce soient de pures et franches voyelles ?
« Pas plus, ce me semble, que si l'on attribuait
« cette dénomination aux *voyelles aspirées.*
« Toute la différence que j'y vois, c'est que
« dans les aspirées la consonne *h* les précède,
« au lieu que dans les nasales la consonne *n* les
« suit. Or, si l'aspiration empêche l'hiatus,
« pourquoi la *nasalité* ne l'empêcherait-elle
« pas ? Quand je récite à haute voix :

Souvent de tous nos maux la raison *est* le pire,

« ou

Jeune et vaill*ant héros,* dont la haute sagesse, etc.

« je ne trouve pas plus de rudesse entre *zon-é*
« du premier vers que dans *an-hé* du second;
« d'où je conclus que l'aspiration et la nasale
« opèrent le même effet; et je me persuade que
« les voyelles aspirées et les nasales étant, les
« unes comme les autres, non des voyelles
« pures et franches, mais des voyelles modi-
« fiées, elles peuvent, les unes comme les autres,
« empêcher l'hiatus. »

De tout ce que nous venons de dire, on doit conclure qu'il n'y a pas d'hiatus dans la rencontre des voyelles nasales et des voyelles simples, et que la règle et l'usage autorisent les poètes à se la permettre; mais on est forcé de convenir que c'est une permission dont ils ne doivent user qu'avec beaucoup de ménagement, s'ils veulent donner de l'harmonie à leurs vers et plaire aux oreilles délicates.

CHAPITRE X.

Des Licences relatives à la Syntaxe, et des Inversions.

Nous avons parlé précédemment (chapitre VII, § 9) des licences orthographiques qu'autorisent la rime et la mesure des vers; mais il en est d'autres qui permettent au poète de s'écarter, dans certains cas, soit des règles de la syntaxe, soit de la construction grammaticale de la phrase.

§ 1. **Des Licences relatives a la Syntaxe.**

I. Les poètes peuvent employer le nombre singulier où les prosateurs doivent employer le pluriel :

> Et *mon vers* douloureux vivra dans l'avenir.
> MILLEVOYE.

> Tout à coup l'air se tait, le vent meurt, *le flot dort.*
> DELILLE.

Mais comme la poésie est naturellement hyperbolique, elle se sert plus fréquemment encore du pluriel là où la prose ferait usage du singulier :

> Quelle terre n'est parfumée
> *Des odeurs* de ta renommée ?
> MALHERBE.

> Déployez *toutes vos rages,*
> Princes, vents, peuples, frimas.
> BOILEAU. *Ode sur la prise de Namur.*

> Croassez, vils corbeaux, *aux fanges* du Permesse.
> LEBRUN.

II. Il est une licence qu'on ne pardonnerait point à la prose, mais qui est reçue en poésie ; c'est de mettre après plusieurs sujets le verbe au singulier, lorsque la mesure ou la rime le demandent :

> Car quel lion, quel tigre *égale* en cruauté.
> BOILEAU.

> D'ailleurs, l'ordre, l'esclave, et le visir *me presse.*
> RACINE. *Bajazet.*

> *Quelle était* en secret ma honte et mes ennuis.
> *Le même.*

Sur ce vers d'*Esther*, Racine le fils s'exprime ainsi, en parlant de son père : « Il pouvait dire, « sans changer son vers, *quels étaient en se-* « *cret,* etc. ; de même que dans *Iphigénie,* au « lieu de :

Ce héros qu'*armera* l'amour et la raison,

« il pouvait dire, *ce héros qu'armeront,* etc. « Il a donc trouvé cette façon meilleure. »

Racine le fils se trompe quant au dernier vers. Son père n'a pas mis *armeront* au lieu d'*armera,* parce qu'il trouvait le singulier meilleur que le pluriel ; mais parce que le mot *armeront,* à l'hémistiche, aurait fait une consonnance désagréable, une fausse rime avec le mot *raison* qui termine le vers.

III. Les bons poètes du siècle de Louis XIV déclinaient les participes, tant actifs que passifs, dans les cas où la grammaire les déclare indéclinables. Ainsi La Fontaine a dit :

Les petits, en même temps,
Voletans, se culbutans,
Délogèrent sans trompette.

Et Boileau :

Et plus loin des laquais, l'un l'autre *s'agaçans,*
Font aboyer les chiens et jurer les passans.

Hermione, dans Racine (1) :

Pleurante après son char vous voulez qu'on me voie.
Andromaque, acte IV, scène 5.

-----

(1) DOMERGUE. *Exercices orthographiques.*

c'est-à-dire, vous voulez qu'on me voie *étant pleurante,* dans un état de pleurs. Hermione aurait pu dire :

Pleurant après son char vous voulez qu'on me voie ;

c'est-à-dire faisant l'action de pleurer. Les deux manières sont bonnes ; mais la première a plus de force, parce que l'adjectif verbal *pleurante* indique l'état continu d'une femme abattue par une longue tristesse ; tandis que *pleurant,* participe, ne marquerait que l'action présente et momentanée de pleurer.

IV. Une licence dont usaient autrefois les poètes, c'était de ne pas faire accorder avec son régime simple le *participe passif déclinable,* comme dans ce vers de Corneille :

. . . . , ... Les misères
Que durant notre enfance ont *enduré* nos pères.

Corneille aurait dû mettre *endurées.* « Mais, dit « Voltaire, s'il n'est pas permis à un poète, dans « ce cas, de se servir du *participe absolu,* il « faut renoncer à faire des vers. »

M. de Wailly (1) partage cet avis, et prétend qu'on ne doit point regarder *enduré* comme une faute. « Ne condamnons point non plus, dit-il, « *fait* au lieu de *faite* dans ces vers de Cré- « billon :

« Moi ! l'esclave d'Égisthe ! Ah ! fille infortunée !
« Qui m'a *fait* son esclave, et de qui suis-je née ? »

____

(1) *Grammaire française.*

Les poètes ont même étendu cette licence jusqu'à donner l'accord au *participe passif indéclinable* :

Le seul amour de Rome a sa main *animée*,

pour *a animé sa main*.

. . . . La saison
Où les tièdes zéphyrs ont l'herbe *rajeunie*,

pour *ont rajeuni l'herbe*.

Ces tournures, que Voltaire regardait, avec raison, comme plus belles, plus poétiques, plus éloignées du langage ordinaire, sans causer d'obscurité, ne sont plus admises que dans le style marotique.

§ 2. Des Inversions.

Les *inversions* ou *transpositions* consistent à changer l'ordre grammatical des mots ; ce qui peut se faire de plusieurs manières :

1° En mettant le nominatif après le verbe :

Je fuis. Ainsi *le veut la fortune ennemie.*

RACINE. *Mithridate.*

La construction grammaticale exigerait, *la fortune ennemie le veut ainsi.* Cette espèce de transposition appartient également à la prose ; mais la suivante n'est permise qu'en vers :

Quand sera le voile arraché,
Qui sur tout l'univers jette une nuit si sombre ?

RACINE. *Esther.*

2° En plaçant l'accusatif ou régime avant le verbe qui le régit :

> Le sort vous y voulut *l'une et l'autre amener*,
> Vous pour porter des fers, elle pour en donner.
>> RACINE.

> *L'un l'autre* vainement ils semblent *se haïr*.
>> BOILEAU.

Observation.

À l'égard de la transposition du régime direct, l'abbé Desfontaines fait l'observation suivante :

« Comme nos accusatifs, dit-il, ont la même « terminaison que nos nominatifs, il est impos- « sible de les transposer, parce que c'est leur « position qui les détermine. Ainsi on a eu raison « d'en abolir la transposition dans les vers, où « elle était autrefois reçue. »

Cette règle de Desfontaines n'est pas tellement générale, qu'elle ne souffre d'assez nombreuses exceptions. J'en ai cité deux exemples irréprochables. Je pourrais ajouter qu'il y a des cas où non-seulement cette inversion est permise, mais où elle donne plus de force à la phrase. Toutefois on ne doit l'employer qu'avec beaucoup de réserve, et ne pas imiter ces transpositions vicieuses :

> Et si quelque bonheur *vos armes accompagne.*
>> RACINE. *Les Frères ennemis.*

> Songez combien ce bras *a mon trône affermi.*
>> ROTROU. *Venceslas.*

> Si de cette maison *approcher l'on vous voit.*
>> MOLIÈRE.

3° La transposition se fait encore en mettant le génitif avant le nom qu'il détermine :

Celui qui met un frein à la fureur des flots
Sait aussi *des méchans* arrêter les *complots*.
RACINE.

Des biens des nations *ravisseurs* altérés.
Le même.

D'un incurable *amour remèdes* impuissans.
Le même.

Mais on ne doit pas dire :

Je n'ai pu *de mon fils* consentir *à la mort*.
VOLTAIRE. *L'Orphelin de la Chine.*

A peine *de la cour* j'entrai dans *la carrière*.
Le même.

Quoi ! voit-on revêtu de l'étole sacrée
Le prêtre *de l'autel* s'arrêter *à l'entrée* ?

4° En mettant le régime indirect (datif ou ablatif) avant le verbe qui le gouverne :

Quels charmes ont pour vous des yeux infortunés,
Qu'*à des pleurs* éternels vous avez *condamnés* ?
RACINE.

La Grèce en ma faveur est trop inquiétée ;
De soins plus importans je l'ai crue *agitée*.
Le même.

Des sottises d'autrui *nous vivons* au palais.
BOILEAU.

5° En plaçant avant le verbe les prépositions et leurs régimes :

Pour la veuve d'Hector ses feux ont *éclaté*.
RACINE.

Dieu fit *dans* ce désert *descendre* la sagesse.
VOLTAIRE.

Vers eux, à pas pressés, le vieillard *s'achemine.*
Délille.

6° En mettant, entre le verbe auxiliaire et le participe, des mots que n'y souffrirait pas la prose :

> Aujourd'hui même encore une voix trop fidèle
> *M'a* d'un triste désastre *apporté* la nouvelle.

7° En plaçant le verbe auxiliaire après l'adjectif, le participe ou l'adverbe qui devrait le précéder. Ces inversions ne sont permises que dans le style marotique :

> *Pas n'est besoin,* je pense, de décrire
> Les soins des sœurs. Gresset.

> A sa Judith, Boyer, par aventure,
> Était assis près d'un riche caissier ;
> *Bien aise était,* car le bon financier
> S'attendrissait et pleurait sans mesure :
> *Bon gré vous sais,* lui dit le vieux rimeur, etc.
> Racine.

> Un vieux docteur, homme de grand renom,
> *Appelé fut* dans ce moment critique.
> Lebrun.

8° Enfin il y a des transpositions qui semblent violer plus ouvertement encore les règles de la grammaire, et qui cependant ne sont que des hardiesses heureuses, qu'il est plus facile d'admirer que d'imiter. C'est ainsi que Racan a dit dans ses stances à Malherbe, *sur les douceurs de la retraite* :

> Et qui *loin retiré* de la foule importune,
> A selon son pouvoir mesuré ses désirs.

Un prosateur eût été forcé de dire : *et qui, retiré*

loin de la foule importune, a mesuré ses désirs
selon son pouvoir.

. . . . Cette jeune Ériphyle
Que lui-même, *captive*, amena de Lesbos.

RACINE. Iphigénie.

La construction grammaticale demanderait : *que*
lui-même amena captive de Lesbos.

. . . . *Ou lassés ou soumis,*
Ma funeste amitié pèse à tous mes amis.

RACINE. Mithridate.

L'attribut, *lassés ou soumis,* comme l'a très-
bien remarqué Lebrun, est séparé du substantif
amis, auquel il se rapporte, par le nominatif
ma funeste amitié. Cette transposition, aussi
neuve qu'imprévue, est un de ces tours heureux
qui jettent une grande variété dans les tournures
parfois trop monotones de la poésie française,
et contribuent à la justifier du reproche que lui
adressent souvent les étrangers, de manquer de
hardiesse et d'originalité.

CONCLUSION.

Ce serait ici le lieu de parler des périphrases, des ellipses, des expressions qui n'appartiennent qu'à la langue poétique (1); mais cela nous entraînerait trop loin du but que nous nous sommes proposé, qui est d'enseigner à faire des vers corrects, mais non pas à faire de beaux vers; car cela ne s'enseigne point.

Il ne suffit pas, en effet, de ranger des syllabes au cordeau, de suivre pour la rime les règles établies, de ne se permettre que les termes et les constructions sanctionnés par l'usage, pour faire de beaux vers et mériter le nom de poète; il faut encore avoir reçu du ciel *cette influence secrète* dont parle Boileau, cette inspiration, ce feu divin que la nature n'accorde qu'à un petit nombre d'élus. Les règles peuvent bien guider le talent; mais elles ne peuvent le donner. A force d'études et de travail on peut devenir un versificateur habile; mais il faut être né poète.

Toutefois, à une époque où tant de jeunes écrivains affectent de mépriser et de fouler aux pieds les règles éternelles du goût et du bon sens, il n'est peut-être pas inutile de leur rappe-

---

(1) Nous en parlerons dans la *Poétique française*, qui fait suite à notre *Prosodie*, et qui est en ce moment sous presse.

ler ces sages conseils d'un critique célèbre de
notre siècle :

« Il n'appartient qu'au vrai génie de créer des
« beautés nouvelles, de reculer les bornes du
« territoire poétique : la médiocrité présomp-
« tueuse altère et défigure ce qu'elle croit em-
« bellir, et regarde comme neuf ce qui n'est que
« bizarre et gothique. Le vrai génie est si rare,
« qu'il est toujours utile de s'opposer aux inno-
« vations. Ce qu'il y a de plus sûr pour nos
« poètes, c'est de se renfermer dans le cercle
« tracé par Racine et Boileau. Ces deux législa-
« teurs ont irrévocablement fixé notre langue
« poétique : de plus grandes licences ne servi-
« raient qu'à augmenter la négligence des poètes
« sans aucun profit, et même avec une perte
« réelle pour la poésie. »

GEOFFROY. *Commentaires sur Racine.*

FIN.

TABLE DES MATIÈRES.

FIN DE LA TABLE.

www.ingramcontent.com/pod-product-compliance
Ingram Content Group UK Ltd.
Pitfield, Milton Keynes, MK11 3LW, UK
UKHW020926140726
13695UKWH00003B/994